金融監管體制的
國際比較
研究

喻曉平 著

金融監管體制的發展與演變
是與一國經濟、金融的發展與演變
一脈相承的。
世界各國由於經濟發展程度、政治體制、文化制度等方面的不同，
選擇的金融監管體制也有所差異。

財經錢線

前言

　　2007年，美國次債危機引發了世界性的金融危機，從而使得世界經濟進入了蕭條狀態。金融危機也使得新自由主義的金融監管理論受到嚴重挑戰，如何協調金融效率與金融安全之間的矛盾，成為擺在金融監管當局面前的現實問題。世界主要發達經濟體在這次金融危機中受到巨大衝擊，在反思金融危機產生的緣由時，絕大多數世界主要發達經濟體認為金融監管缺失是其中一個主要原因。

　　金融危機過後，美國、日本、英國、歐盟等一些發達經濟體意識到原有的金融監管體制存在較大的弊端，啓動了新一輪金融監管體制改革。巴塞爾銀行監管委員會也啓動了對《巴塞爾資本協議Ⅱ》的修訂工作，並提出了《巴塞爾資本協議Ⅲ》草案，在不到一年時間裡就通過並頒布實施。

　　中國金融體系雖在這次金融危機中經受住了考驗，但隨著金融國際化的發展、金融混業經營趨勢的不可逆轉以及金融創新的不斷湧現，中國金融監管體制的弊端日益明顯，中國金融監管體制的改革需求越發迫切。中國金融監管體制改革應該在借鑑其他國家金融監管體制改革經驗的基礎上，建立具有中國特色的高效、公平、穩健的金融監管體制。

　　本書以美國、英國、歐盟、中國和國際巴塞爾組織為研究對象，全面梳理了這些國家、地區或組織金融監管體制的演進與發展，分析了這些國家、地區或組織在金融監管方面所採取的改革措施，並對這些國家、地區或組織的金融監管體制進行了比較研究，以探尋全球金融監管的發展趨勢。最後對金融監管的國際合作以及中國參與金融監管的國際合作問題進行了研究。

目錄

第一章　金融監管理論概述 / 1
　第一節　金融監管理論的演變 / 1
　第二節　金融監管的主要內容 / 4
　第三節　金融監管體制 / 9

第二章　金融危機與金融監管 / 11
　第一節　20世紀30年代的金融危機 / 11
　第二節　拉美國家金融危機 / 13
　第三節　東南亞金融危機 / 17
　第四節　美國次債危機 / 19

第三章　美國的金融監管體制 / 33
　第一節　美國的金融體系 / 33
　第二節　美國金融監管制度的演進與發展 / 37
　第三節　美國金融監管體制改革實踐 / 44

第四章　英國的金融監管體制 / 50
　第一節　英國的金融體系 / 50
　第二節　英國金融監管體制的演變與發展 / 54
　第三節　英國金融監管體制改革實踐 / 58

第五章　歐盟的金融監管體制 / 66
第一節　歐盟的金融體系 / 66
第二節　歐盟金融監管體制的演進與發展 / 70
第三節　歐盟金融監管體制的改革實踐 / 74

第六章　中國的金融監管體制 / 82
第一節　中國金融體系概況 / 82
第二節　中國金融監管體制的演進與發展 / 91
第三節　中國銀行業監管 / 94
第四節　中國證券業監管 / 103
第五節　中國保險業監管 / 110
第六節　中國金融監管體制的改革實踐 / 115

第七章　國際金融監管的發展與演變 / 121
第一節　國際金融監管框架的演進 / 121
第二節　《巴塞爾資本協議》的主要內容及改進 / 124

第八章　金融監管的國際合作 / 132
第一節　金融監管國際合作概述 / 132
第二節　金融監管國際合作的基本框架 / 135
第三節　金融監管國際合作機制 / 138

第九章　結論與建議 / 142

參考文獻 / 146

第一章　金融監管理論概述

第一節　金融監管理論的演變

一、金融監管理論的發展

金融監管理論伴隨著經濟、金融的發展而發展，其發展軌跡與西方各個學派的經濟理論發展相吻合，因而我們可以從西方經濟理論的發展脈絡去探求金融監管理論的發展路線。

（一）古典自由主義時期金融監管理論

19世紀到20世紀30年代期間，經濟自由主義在西方經濟學派中一直占據著主導地位。其代表人過於相信資本主義經濟的自我調節能力，主張採取自由放任和國家不干預的政策。國際金本位制度解體後，貨幣流通領域出現混亂局面，貨幣危機、銀行危機頻繁發生，是否需要建立中央銀行來壟斷貨幣的發行和處理銀行擠兌問題，一度成為討論的焦點。同時，金融監管問題也引起了經濟學各流派的極大關注，金融監管理論由此發端。

金融監管理論萌芽於古典自由主義提出的一些政策主張中，其核心是提倡自律性金融監管。自律監管理論主張與當時以亞當·斯密為代表的古典自由主義經濟理論相吻合，強調市場這只「看不見的手」的自發調控作用，認為銀行只要開展與生產和流通有關的短期商業票據業務，就是安全的。應當鼓勵銀行自由競爭。

20世紀30年代前的金融監管理論主要關注貨幣流通和銀行擠兌的問題，而並沒有涉及對銀行具體經營行為的監管，這與當時自由資本主義處於鼎盛時期相適應。但20世紀30年代經濟危機的發生，不僅對自律監管理論產生了巨大衝擊，也推動了金融監管理論的發展。

(二) 凱恩斯主義時期金融監管理論

20世紀30年代發生的世界經濟大危機，在給世界經濟帶來危害的同時，也有力地證明了市場存在失靈問題，市場這只「看不見的手」並不是萬能的。這次大危機過後，凱恩斯學派逐漸取代古典自由主義學派占據了西方經濟學派的主導地位。以凱恩斯學派的經濟思想為理論依據的金融監管理論得到了長足的發展。

凱恩斯經濟學派提出的金融監管理論的主要依據是市場失靈論和金融脆弱性理論。凱恩斯學派認為，正是因為金融體系存在市場失靈，市場本身不能解決金融體系中的所有問題，因而有必要加強金融監管，由此提出了金融監管的負外部性理論、公共利益說和自由競爭悖論等理論；另外，凱恩斯學派也從金融內部屬性角度提出了金融脆弱性理論。

1. 金融的負外部性理論

外部性是指一個經濟主體所實施的經濟活動會影響其他經濟主體或社會，給其他經濟主體或社會帶來利益或損害。這種影響如果是正面的、有利的，則稱為正外部性；如果是負面的、不利的影響，就稱為負外部性。[1]

金融的負外部性是指金融體系對於經濟的發展可能會產生不利的影響，例如金融機構的破產引發的傳染反應會通過貨幣信用的再一次收緊損害經濟發展的根基，甚至引發經濟危機。[2] 金融機構存在的負外部性使得金融市場失靈，金融體系自發調節功能失效，這就需要政府出面糾正市場失靈，通過加強金融業的監管，降低金融的負外部性效應。

2. 公共利益說

公共產品具有共同消費和非排他性兩個特徵。共同消費是指一個消費者對某一產品的消費並不降低該產品的性能；非排他性是指一人在使用某產品時並不能阻止他人使用這種產品。金融體系相當於一種公共產品，這就難以避免「搭便車」現象的發生，即人們都希望享受穩定健康的金融體系給大家提供的便利的金融服務，而不願意監督管理金融體系的穩健經營。這就需要代表廣大公眾利益的政府來承擔金融業監督管理的角色，從而有效防範金融風險，化解金融危機，維護廣大社會公眾的利益。

政府加強金融監管，一方面可以解決金融市場失靈問題，提高金融機構經營效率，提高社會福利；另一方面可以降低金融體系風險，保證金融體系的穩

---

[1] 薩繆爾森，諾德豪斯. 經濟學 [M]. 蕭琛，譯. 19版. 北京：商務印書館，2013.
[2] 馮科. 金融監管學 [M]. 北京：北京大學出版社，2015.

健運行，以維護全體消費者的利益。

3. 自由競爭悖論

在金融行業裡，在高度壟斷和自由競爭之間進行選擇，是金融監管部門面臨的兩難境地。該理論認為，金融行業過度的競爭和過度的壟斷，都會危害整個金融體系的穩健性，嚴重時甚至會影響一個國家正常的經濟運行。因此政府必須加強金融監管，防止過度壟斷現象的發生，鼓勵公平競爭，從而維護金融體系的穩健性。自由競爭悖論的核心思想不是解決是否監管的問題，而是解決金融監管的有效性及效率問題。

4. 金融脆弱性理論

金融脆弱性是指金融領域裡風險累積，整個金融領域處在高風險的狀態。金融脆弱性是金融的內在屬性，其產生的主要原因有信息不對稱的存在、資產流動性弱、資產負債在期限與數量方面的不匹配、金融機構的高槓桿率運行等。金融系統的脆弱性決定了政府加強金融監管的重要性，只有加強政府的金融監管，才能有效防止和化解金融系統的危機。

(三) 新自由主義時期的金融監管理論

20 世紀 70 年代，西方國家普遍出現經濟「滯脹」現象，凱恩斯學派的經濟理論受到挑戰，與凱恩斯經濟理論相對立的自由主義思潮開始復興。自由主義的復興，也在全球掀起了金融自由化的浪潮，其影響不斷擴大。

金融自由化理論認為金融體系的發展不應該受到政府的過度監管，尤其是應該放開對利率和匯率的管制。政府的職責是為金融機構創造公開、公正和公平的競爭環境，以提高金融業經營效率。當然，金融自由化理論並沒有對政府的金融監管完全否定，而是將重點轉移到金融的安全與效率方面。

20 世紀 90 年代以來金融危機頻繁發生，嚴重影響了國家乃至世界經濟的發展，金融自由化理論也因此遭到抨擊。但是，目前還不能肯定金融自由化真的導致了金融體系的不穩定。隨著經濟全球化的發展，金融全球化的發展趨勢日益明顯，金融活動和金融體系的運轉越來越遊離於金融監管之外，金融監管理論需要不斷完善。

(四) 2008 年金融危機後金融監管理論的變化

2008 年金融危機前，金融監管採用以政府為主導，以金融風險監管為重點，以市場調節為補充的監管模式。這次金融危機後，新自由主義倡導的金融自由化理論再一次站在風口浪尖，市場機制的弊端日益顯現。金融監管理論有待進一步創新和發展。這些創新和發展集中體現在《巴塞爾資本協議Ⅲ》提出的有關監管政策裡。

1. 強化流動性風險監管

2013年年初，巴塞爾委員會為了加強流動性風險監管，提出了一系列測量流動性的監管標準，這其中包括流動性覆蓋比率和淨穩定資金比率兩個核心指標，以及合同期限錯配、融資集中度、可用的無變現障礙資產、以重要貨幣計價的流動性覆蓋率以及與市場有關的監測工具5個輔助監測工具,[①] 不過，後面5個輔助監測工具僅僅作為監管的參考標準。

2. 加強宏觀審慎監管

一方面，《巴塞爾資本協議Ⅲ》進一步完善了微觀審慎監管的內容。首先，重新定義資本金和更加關注普通股。規定一級資本只包括普通股和留存收益，嚴格資本構成和資本充足率及其計算等方面的信息披露；其次，將風險資本要求從銀行資產負債表表內風險擴大到資產負債表表外風險以及與衍生品業務相關的風險；第三，提出槓桿率的要求，銀行體系表內外槓桿率過度累積，是銀行和銀行體系脆弱性的重要表現，也是金融危機的重要誘因。控制銀行的槓桿率過度累積，防止去槓桿化過程對於金融體系的損害，引入槓桿率作為金融監管的標準很有必要。

另一方面，《巴塞爾協議Ⅲ》在強調微觀審慎監管的同時，提出了宏觀審慎監管的理念，以達到防範金融體系的系統性金融風險的監管目標。而具體操作上，體現在兩個方面：一是強調逆週期監管，因為金融體系順週期性會加劇金融系統的波動，容易誘發系統性金融風險；二是強化系統重要性金融機構的監管，系統重要性機構對於維護整個金融體系穩定有著十分重要的意義，因而防範系統重要性機構的風險理應被放在十分重要的位置。

第二節 金融監管的主要內容

金融機構和金融市場是金融體系中兩個重要的組成部分，是實現資金融通的兩個重要渠道，它們的健康運轉對於整個金融體系的健康發展十分重要。因此，對金融機構和金融市場的監管必然成為國家金融監管的一項重要內容。

一、金融機構的監管

金融機構的監管包括對金融機構的設立、日常經營和最終退出的全過程的

[①] 國際巴塞爾委員會.巴塞爾協議：流動性覆蓋率和流動性風險監測標準（第三版），2013.

監督與管理。金融機構作為金融體系的重要組成部分，其經營行為對金融體系運轉具有重要影響，因而保證金融機構經營安全有利於整個金融體系的健康發展。

（一）金融機構市場准入的監管

金融機構市場准入監管是指金融機構及其分支機構的設立、經營業務範圍以及高級管理人員資格等方面需要經過監管部門的審核批准。一般來說，各個國家對金融機構及其分支機構的設立都會規定一定的市場准入條件，然後由專門的監管機構負責審批。監管部門對金融機構的市場准入條件一般包括：一是金融機構所在地區自然地理條件、宏觀經濟發展水準以及金融發展水準等外部條件；二是金融機構本身具備的基本條件，這些條件包括公司章程、註冊資本要求、董事和高級管理人員的任職資格要求、金融機構內部組織形式、內部管理制度、固定經營場所、金融服務設施和安全設施等。

（二）金融機構市場運作過程的監管

金融機構市場運作過程監管是指監管部門通過各種方式對金融機構日常經營的全部過程進行有效監督和管理，主要從以下幾個方面展開：

1. 業務經營範圍的監管

業務經營範圍的監管就是規定各金融機構可以從事的業務種類。在金融發展的不同階段以及金融機構業務經營模式不同，其業務經營範圍的監管也不相同。在金融發展的初級階段，金融機構業務比較單一且專業化程度高，對於業務範圍限制較嚴格。隨著金融的發展，金融機構種類、金融產品種類和規模都出現快速增長，金融管理水準日益提高，對業務經營範圍的監管相對比較寬鬆。

2. 資本充足性監管

資本充足率指標是銀行穩健經營的重要標誌，也一直是許多國家監管部門對銀行監管的重要參考標準。銀行自有資本的高低或者補充自有資本能力的大小反應了銀行經營管理水準的高低。資本充足率較高有利於增強公眾對銀行業的信心，保證銀行業務的順利開展，從而能夠維護銀行業穩定。目前，各國資本充足率的監管標準都是參考國際巴塞爾銀行監管委員會制訂的《巴塞爾資本協議》的標準來制訂的，這個標準也會並隨著國際金融的發展而不斷進行修改和完善。其中規定了銀行的資本充足率的內涵和計算方法，並提出了統一的監管標準，即銀行資本對風險加權總資產的比率不應低於8%。

3. 流動性監管

流動性風險是銀行面臨的重要風險之一，其主要是因為銀行在經營過程中

存在資產與負債錯配問題，包括期限錯配、規模錯配等。而一旦銀行出現流動性危機，銀行擠兌現象隨時可能發生，由此會引發金融恐慌而導致銀行危機。因此對商業銀行的流動性監管日益受到各國金融監管部門的重視。各國一般都通過法定存款準備金制度以及通過限定流動性的監管指標來加強對流動性的監管。

4. 資產質量監管

銀行的資產質量尤其是信貸資產質量是評價商業銀行的經營管理水準和穩健程度的重要指標。資產質量的監管，一方面是確定資產質量的分類及相應的評價標準，並根據這些評價標準合理評估銀行的信貸資產質量，為銀行資產質量監管提供依據；另一方面是對銀行的貸款集中度風險進行有效控制，通過在法律上明確衡量商業銀行的貸款集中度指標範圍來實現。如規定對同一借款人或一組關聯借款人的最大貸款額，適當控制將貸款集中在某一經濟領域或地區。

5. 國家風險監管

國家風險是指一國政府或私人借款人由於受到某些因素的影響而出現債務違約，給債權人造成損失的可能性。隨著銀行國際化的發展，商業銀行國際業務量日益增大，國家風險發生的可能性日益增加，因此控制國家風險成為監管部門不可忽視的一項重要內容。國家風險包括政府風險和匯兌風險。

6. 外匯風險監管

隨著銀行國際化的發展，商業銀行國際業務種類和規模都呈上升趨勢，商業銀行面臨的外匯風險不可忽視。對外匯風險的監管主要採取控制銀行的外匯業務規模和對外匯業務風險提出適當的資本要求的辦法。

(三) 金融機構市場退出的監管

金融機構市場退出需要有一個合理、規範的法律程序，否則很容易造成金融業的恐慌，因此加強對金融機構退出的監管很有必要。儘管監管當局對金融機構的設立和日常經營進行了嚴格的監管，但是仍然會有一些金融機構由於各種原因陷入困境，甚至出現支付危機而瀕臨破產。對金融機構市場退出的監管，一方面出於對存款人利益保護的需要，另一方面也能夠降低金融機構市場退出的社會成本，降低對金融體系的不利影響。因此各國對金融機構的市場退出都有明確的法律規定，並採取一定的方式幫助瀕臨破產的金融機構有序合理地退出，這些方式包括提供貸款、接管、併購、解散、破產清算等。

總而言之，金融監管實質上是一種政府規制行為，是政府解決市場失靈的一種手段。加強政府對金融機構的監管，是世界各國共同面臨的課題。只有加

強對金融機構的監管，才能維護金融業的合法、穩健運行。

二、金融市場的監管

貨幣市場和資本市場是金融市場中兩大重要的融資市場，在引導資源配置中發揮了重要的作用。加強金融市場的監管，有利於中央銀行貨幣政策的實施，有利於提高資金的利用效率。

（一）貨幣市場的監管

貨幣市場是中央銀行實施貨幣政策、調控宏觀經濟的重要場所，因而貨幣市場的穩定運行直接影響中央銀行貨幣政策的有效性。中央銀行既是貨幣市場的重要參與主體，又承擔著貨幣市場的監管職能。貨幣市場的監管主要是合規性監管，主要對貨幣市場的參與主體資格及其業務進行監管。

1. 貨幣市場主體准入監管

貨幣市場主體准入監管是指對進入貨幣市場的金融機構進行資格審查。也就是說進入貨幣市場的主體需要在資本金、高級管理人員的任職資格、經營的業務範圍、淨資本、盈利能力等方面符合一定的要求。例如，中國的同業拆借市場將非金融機構和個人排除在外，同時中國人民銀行對進入同業拆借市場的金融機構的業務範圍進行適當限定。當然，隨著金融的發展、金融機構的日益成熟，同業拆借市場准入程序將不斷優化。通過對進入貨幣市場主體的監管，將一些先天不足的金融機構排除在貨幣市場之外，保證了貨幣市場的健康發展。

2. 貨幣市場主體交易行為的監管

貨幣市場主體交易行為的監管主要包括規定交易期限、限制交易價格和控制交易規模等幾個方面的內容。

對於貨幣市場交易產品的期限規定是在1年以內，且資金只能用於彌補短期資金短缺的需要，而不能進行長期投資。

貨幣市場的交易價格即貨幣市場利率，它一般作為一國金融市場的基準利率，因而貨幣市場利率成為利率體系中其他利率變化的風向標，維持貨幣市場利率的相對穩定是監管部門的重要職責。

金融機構參與貨幣市場交易主要滿足短期資金的需要，因而交易數量必然受到一定的限制。一般監管部門都會規定金融機構貨幣市場交易數量占其資產、負債的比重。比如中國同業拆借額度按照金融機構的財務指標來計算，並可以根據財務指標的變化申請調整。

(二) 資本市場的監管

1. 證券發行市場的監管

證券發行市場的監管主要是指證券發行要接受監管部門的統一管理，要經過監管部門批准或備案才能進行。證券發行監管方式一般包括核准制和註冊制。核准制一般在證券業發展初級階段使用較為多，隨著證券市場日益成熟，核准制逐步過渡到註冊制。註冊制更強調信息披露的公開、透明、準確，而沒有設置嚴格的硬性條件，准入門檻低，但退出的風險也較大。

2. 證券交易市場監管

資本市場在發展過程中，由於信息披露制度不健全，對違法違規行為打擊力度不夠，監管不到位等原因，證券交易過程中發生的各種各樣的違法違規行為，嚴重擾亂了正常的交易秩序。

(1) 證券交易市場詐欺行為監管

資本市場在金融體系中的地位日益重要，資本市場已經成為企業融資的重要場所，也是投資者進行資產配置的重要場所。但是，由於資本市場存在信息不對稱問題，因而資本市場也會產生市場失靈現象，由此導致證券交易過程中經常會發生各種市場詐欺行為。這些市場詐欺行為主要的表現形式有誘騙客戶、內幕交易、發布虛假信息、惡意操縱市場等，這些行為極大地損害了投資者的利益，嚴重擾亂了資本市場正常的交易秩序。因此，加強證券市場交易行為監管十分必要。

①市場詐欺客戶行為。資本市場中存在大量的仲介機構從事證券承銷、經紀、投資諮詢等業務，這些仲介服務機構與客戶建立了長期的合作關係。但有些仲介機構出於自身利益的考慮，利用其受雇地位或提供服務的便利，違背客戶意願進行證券交易，或以虛假陳述誘導客戶委託其代為買賣證券，並以此獲取經濟利益或避免損失。這些都是詐欺客戶的具體體現，對於資本市場的危害極大，因此，有必要建立相關的法律法規來約束這些仲介機構的詐欺客戶行為。

②內幕交易行為。內幕交易行為主要指內幕信息的知情人員為自己或為他人從內幕信息中獲取利益的行為。證券市場價格的波動會受到上市公司信息的影響，特別是對公司的發展具有重大影響的信息。一旦這種未公開的信息被洩露出去，獲取信息者就可能從中獲取投機收益，這對於市場的其他投資者來說是不公平的，必須給予嚴懲。

③市場操縱行為。市場操縱行為是指操縱行為人採取各種非法的手段，人為造成證券市場價格或者證券交易量的異常波動，製造證券市場交易活躍的氣

氛，以吸引他人參與到證券交易中，從而使自己從中獲取收益的行為。隨著網絡技術的發展，交易技術也得到了迅速發展，使得投資者交易便利化程度大大提高。但是，交易技術的發展也催生了大量的證券市場操縱行為。

（2）證券市場交易行為監管

在證券市場交易過程中，證券交易主體多元化，交易方式和手段多樣化，具有一定的隱蔽性，因而對證券交易過程中的違法違規行為的界定存在相當大的難度，因此就給證券監管部門的監管提出了很大的挑戰。這就需要一種全新的思路去監管證券交易，即通過刑事、民事和行政多種手段對證券交易行為進行規範。通過制定相關法律法規對上述詐欺行為進行界定，情節嚴重的要移送司法機關進行處理。

第三節　金融監管體制

金融監管體制的發展與演變是與一國經濟、金融的發展與演變一脈相承的。世界各國由於經濟發達程度、政治體制、文化制度等方面的不同，選擇的金融監管體制也有所差異。各國在選擇金融監管體制時，都會綜合考慮是否有利於降低監管成本、是否有利於提高監管效率、是否有利於貨幣政策的實施等方面。金融監管體制的內容包含金融監管主體、金融監管客體、金融監管目標、金融監管方法和內容等。

一、金融監管主體

金融監管主體是指國家通過法律賦予的對整個金融業實施監督管理的政府機構或準政府機構。按照金融監管主體不同來劃分，金融監管體制分為集中型監管體制和分業型監管體制。

（一）集中型監管體制

集中型監管體制是指國家將金融業的監管權全部賦予一個金融監管機構（如中央銀行）來行使。如英國採取的是典型的集中監管體制，英格蘭銀行在法律的授權下，對英國境內所有的金融機構進行監管。20世紀80年代，金融自由化加速發展，金融創新層出不窮，使得金融風險日益加劇，金融不穩定性逐漸威脅到金融安全，金融風險管理成為金融監管的重要內容。正是在這樣的背景下，一些國家的中央銀行逐漸將金融監管職能分離出來，交給專門的銀行監管部門去監管。

（二）分業型監管體制

分業型監管體制是指金融體系內不同種類的金融機構分別由不同的監管部門進行監管的一種制度。分業型監管體制又包括單線多頭監管體制和雙線多頭監管體制兩種類型。

1. 雙線多頭監管體制

雙線多頭監管體制是指由中央和地方兩個層次的多個政府部門共同負責整個金融業的監管。這種監管體制的典型代表就是美國和巴西。

2. 單線多頭監管體制

單線多頭監管體制是指只有中央一級設有監管機構，但在中央一級又不止一個監管部門來負責對整個金融業的監督管理。具有代表性的國家有法國和日本。

二、金融監管客體

根據金融監管客體來分類，金融監管體制包括機構監管、功能監管和目標監管三種。

（一）機構監管

機構監管一般是在分業經營的模式下選擇的一種監管方式。在分業經營模式下，金融機構分工比較明確，業務界限比較清晰，因而根據金融機構的不同設置相應的監管機構，能有效提高監管效率。機構監管這種模式也多數是在金融發展的初級階段採用。

（二）功能監管

隨著金融機構業務種類增多，業務交叉現象大量存在，機構監管已經不能適應金融發展的需要，這個時候採用功能監管就能取得較好的監管效果。即按照金融機構業務設置相應的金融監管機構。對於從事不同種類業務的金融機構分別設置相對應的金融監管機構，實現專業性業務由專業性機構來監管。

（三）目標監管

目標監管是指金融監管機構設置的依據是金融監管的目標。對於不同的監管目標分別設置相對應的金融監管部門。泰勒和古德哈特提出按照金融體系穩定和保護消費者的目標來設置金融監管機構，分別設置金融穩定委員會和消費者保護委員會，前者負責審慎監管，後者負責業務操作監管。

第二章 金融危機與金融監管

近年來，區域經濟一體化和金融國際化發展迅速，推動各國金融體系逐漸融入到國際金融體系中。金融危機發生日益頻繁，其擴散速度相當驚人，對於世界經濟的破壞性更加突出。當一國金融體系出現危機時，會很快通過各種渠道傳導到世界其他國家或地區，從而導致世界性金融危機的發生。歷次金融危機的發生已充分證明，只有強化金融監管，提高金融監管的有效性，才能保證金融體系的穩定。同時，金融危機也成為金融監管體制的試金石，將金融監管體制的弊端充分暴露出來，從而推動了金融監管的變革。可以說，金融危機的發生是每一次金融監管變革的推動力量。

第一節 20世紀30年代的金融危機

一、20世紀30年代金融危機的表現

(一) 紐約證券市場崩盤

1929年10月24日，美國股票市場突然出現雪崩式下跌，大量投資者恐慌性地拋售手中股票。隨後幾天，雖然紐約幾家銀行聯合起來籌集資金，企圖阻止股票價格的下跌，但還是抵擋不住瘋狂的拋盤，股票價格持續大跌。這次股市大崩盤一直持續到1933年年初。從道・瓊斯指數的統計來看，1929年10月到1933年1月，所有股票價格指數都出現了大幅度的下跌，其中30種工業股票的平均價格下跌了83%；20種公用事業股票的平均價格下跌了73%；20種鐵路股票的平均價格下跌了84.4%。到1933年7月，美國股票市值下降到1929年9月股票市值的1/6以下。

(二) 股災引發資本主義國家的金融危機

美國證券市場的股災迅速發酵，引發美國金融危機，危機迅速向歐洲蔓延，形成了席捲全球的金融危機。美國證券市場的危機迅速在其他國家的資本

市場得到反應，全球股市出現慘烈下跌，並迅速在歐洲信貸市場發酵。奧地利信貸銀行破產就是其表現之一。奧地利信貸銀行的破產進一步加劇了世界各國銀行信用危機，也使得世界經濟危機逐步向縱深發展，而德國成為第一個受危機影響最嚴重的國家。這是由於德國主要依靠英、美等國提供的短期銀行信貸來支付大量戰爭賠款的利息，金融危機發生後，英、美等西方國家考慮到信貸資金安全，不斷地從德國撤出信貸資金。大量資金的出逃，使得德國黃金儲備急遽下降，最終不得不停止支付外債。隨後，英國也停止黃金兌換，退出金本位制，導致英鎊暴跌，由此引發歐洲各國大量的銀行倒閉。至此，一場史無前例的世界性經濟危機爆發了。危機使整個資本主義世界工業生產下降了40%，退回到比1913年還低10%的水準。

二、金融危機爆發的原因與對監管的啟示

（一）金融危機爆發的原因

20世紀30年代的金融危機引發了西方各學派的爭論，大家對危機發生的原因眾說紛紜，也引發了西方宏觀經濟理論的革命。在這次危機之前，西方奉行古典的經濟自由主義理論，他們認為資本主義經濟通過市場調節可以達到充分就業，政府的干預反而起反作用，強調經濟自由發展。金融危機的發生使得古典自由主義學派處於難堪的境地，同時也遭到其他一些學派的批評，其中具有代表性的是凱恩斯學派和貨幣主義學派。凱恩斯在分析造成金融危機的原因時，強調的是資本主義國家奉行的自由放任制度，而非資本主義制度。弗里德曼則將金融危機的原因歸結為是美國所採取的錯誤性的緊縮性貨幣政策，導致美國經濟在物價下跌、經濟萎縮以及銀行信用危機之間出現了惡性循環。

綜合來看，造成20世紀30年代經濟大危機的原因，既有資本主義制度本身存在的不可調和的矛盾，也有美國在自由放任思想影響下所推行的經濟政策，但更重要的原因是金融監管的缺失。

（二）對監管的啟示

20世紀30年代金融危機的大爆發，對以自由放任為依據的自律性監管理論提出了挑戰，市場本身具有一定的自發調節功能，但在某些領域也存在市場失靈。美國雖然建立了中央銀行制度，但美國聯邦儲備體系對金融業的監管並沒有給予高度重視。大量的個人和互助合作性金融機構遊離於監管之外，況且當時的聯邦儲備委員會並沒有金融決策權和管理權，這些權力分散在12家聯邦儲備銀行，沒有形成集中統一的中央銀行制度，大大削弱了中央銀行的監管能力。大危機的發生推動了美國金融業的改革，尤其是使美國加強了對銀行業

的監管，將商業銀行業務與投資銀行業務分離開來，隔離了銀行業務與其他非銀行業務交叉傳染的風險，也標誌著美國銀行業步入分業經營模式。美國聯邦儲備體系的監管職能也不斷得到強化。美國金融業的改革也為戰後其他國家重建金融體系指明了方向，同時，也對國際金融監管提出了更高的要求。

第二節　拉美國家金融危機

20世紀80年代以來，拉美國家相繼發生了多次較為嚴重的金融危機。金融危機使得拉美國家經濟遭到嚴重破壞，金融體系近乎崩潰，拉美國家採取了一系列措施來拯救處在危機邊緣的本國經濟，並且對金融監管越來越重視。

一、拉美國家金融危機的表現

（一）拉美國家債務危機

第二次世界大戰以後，拉美國家大都實行進口替代工業化發展戰略，大力發展本國製造業，鼓勵國內資源豐富的初級產品出口，經濟得到迅猛發展，創造了經濟增長的「拉美奇跡」。為了更好地促進本國工業化進程，實現趕超發達國家的戰略目標，拉美國家實行相對寬鬆的經濟政策，並大規模舉債以增加政府對公共事業的支出。到20世紀80年代，拉美國家的債務規模出現快速增加。然而隨著美元利率的大幅走高，國際資本流動發生逆轉，流入拉美國家的資本急遽減少。1982年8月，墨西哥政府由於外匯儲備不足，不能按期償付外債，政府債務發生違約。隨後，玻利維亞、厄瓜多爾、巴西等國也相繼停止償還外債，一場債務危機在拉美國家爆發。

（二）墨西哥金融危機

20世紀80年代拉美國家發生的債務危機導致了墨西哥經濟步入蕭條和調整狀態。為了使墨西哥經濟盡快走出低谷，從20世紀80年代到20世紀末，墨西哥政府都致力於經濟體制改革和經濟增長模式變革，將「經濟市場化」和「貿易自由化」作為改革的兩大抓手。通過財政政策、貨幣政策、進出口政策、對外開放政策和擴大私人投資等一系列政策措施的制定和實施，來穩定墨西哥經濟，並逐步擺脫蕭條的狀態。然而，上述政策措施並沒有從根本上解決墨西哥內部經濟問題，況且依靠短期資本流入來彌補過高的經常性項目逆差，將使得墨西哥經濟發展後勁不足。1994年2月4日，美聯儲宣布加息25個基點，由此引發了全球加息的風潮。隨後幾個月美聯儲又接連多次加息，使

得國際資本向美國回流。墨西哥採取的是盯住美元的固定匯率制。受到內憂外患的影響，墨西哥貨幣比索受到較大的貶值壓力。1994年12月19日，墨西哥政府無力維持比索的穩定，索性將比索一次性貶值15%，由此引發了市場的恐慌，比索一路狂跌，引發了墨西哥金融危機。

（三）巴西金融危機

1999年1月6日，米納斯吉拉斯州政府欠聯邦政府的154億美元的債務出現違約。與此同時，州政府提出不能按期償還即將到期的1.08億美元的歐洲債券。米納斯吉拉斯州政府債務違約成為1999年巴西金融危機的導火索。一週後，巴西中央銀行行長提出並公布了匯率政策調整方案，即取消長期以來一直執行的「雷亞爾計劃」，一次性將本國貨幣雷亞爾對美元貶值約8.5%。中央銀行匯率政策的改變很快導致巴西股票市場的大幅度震盪，市場出現恐慌性下跌。同時在外匯市場上，投資者紛紛將雷亞爾兌換成美元。巴西中央銀行雖然極力在外匯市場進行干預，但仍然無濟於事。1999年1月18日，巴西中央銀行因無力維持固定匯率制而決定放棄，轉而開始實行自由浮動的匯率政策。受此影響，大量的國際資本紛紛從拉美國家撤離，導致拉美國家股票出現大幅度下跌，拉美國家經濟步入衰退期。一場由貨幣危機引發的金融危機不可避免地發生了。

（四）阿根廷金融危機

20世紀80年代，惡性通貨膨脹一直困擾著阿根廷經濟，使得阿根廷經濟處在崩潰的邊沿。1989年，為了使阿根廷經濟擺脫困境，阿根廷在拉美國家中率先實施了新自由主義經濟政策，即通過實施對外開放、引進外資、國有企業私有化等一系列政策措施，尤其是建立了較為穩定的貨幣局制度，有力地推動了阿根廷經濟的穩定發展。

20世紀90年代中期，在俄羅斯、東南亞、拉美等國家和地區先後爆發了金融危機。尤其是拉美地區的金融危機，給阿根廷經濟帶來了嚴重的影響。大量的國際資本紛紛從阿根廷金融市場撤離，使得阿根廷國內投資嚴重不足，經濟出現較為嚴重的衰退。隨著金融危機影響的擴大，大量的中小企業倒閉、失業率上升、市場需求急遽下降、公共開支加大、財政赤字日益嚴重，阿根廷在經濟衰退的泥潭中越陷越深，整個經濟全面陷入蕭條。1998年，阿根廷經濟開始逐步走向衰退，並持續了相當長的時間，最終引發了阿根廷歷史上最嚴重的金融危機。

二、拉美國家金融危機爆發的原因

縱觀20世紀80年代到20世紀末在拉美國家發生的多次金融危機，其發

生的原因既有各國內部經濟金融體制方面的不足，也有外部因素的衝擊。概括起來包括以下幾個方面：

(一) 經濟發展戰略的失誤

拉美國家在經濟發展過程中，先後採取了三種經濟發展戰略。一是20世紀30年代初期，為了盡快使得拉美國家經濟走出低谷，絕大多數國家採取了「進口替代戰略」來促進經濟發展。「進口替代戰略」的實施使得拉美國家經濟保持了一定的增長速度，但也造成了拉美國家過度依賴於外部資本，過度舉債來促進經濟增長，從而引發了債務危機。二是20世紀80年代債務危機過後，拉美國家開始轉向「出口導向戰略」，但由於出口產品比較單一，且都是初級產品。所以，這一戰略的實施效果並不明顯，也未能擺脫依附於外國資本的經濟模式。三是20世紀90年代以來，實施經濟自由化戰略。20世紀90年代後，在新自由主義理論的指導下，拉美國家開始推行自由放任的經濟政策，拉開了國民經濟全面自由化的序幕。拉美國家自由主義經濟政策的實行，使得私人經濟迅速發展，引進外資戰略的實施，滿足了各國經濟發展對資金的需要。但是，國際資本的流動性非常強且頻繁，對利空消息非常敏感，一旦發生負面事件，國際資本流動很容易發生突停或逆轉，從而導致金融市場的波動，嚴重時會引起金融危機的發生。

(二) 僵化的匯率制度

1951年，英國經濟學家詹姆斯·米德提出了有名的「米德衝突」理論。即一個國家不可能在實行固定匯率制的同時，長期保持資本的自由流動，資本頻繁的自由流動必然會導致匯率的波動，固定匯率制很難維持，兩者之間存在衝突。[1] 一直以來，拉美國家大都採取盯住美元的固定匯率制。實行固定匯率制的好處在於能夠降低對外貿易的成本和匯率風險，從而有利於促進經濟，特別是以出口為導向型經濟的發展。但固定匯率制也存在一些弊端，其中最大的弊端是容易造成幣值高估、失去貨幣政策的獨立性，從而降低危機的應對能力。20世紀90年代以來，拉美國家在新自由主義經濟政策的推動下，實現了資本的自由流動，但另一方面拉美國家大多實行盯住美元的固定匯率制。根據「米德衝突」理論，拉美國家很難維持固定匯率制，一旦由固定匯率制轉向浮動匯率制，就很容易導致本幣突然出現大幅貶值，貨幣的大幅貶值很容易挫傷投資者信心，從而引發資本的恐慌性外逃。大量的資本外逃容易引發銀行危機，銀行危機的蔓延將導致整個金融業的危機。

---

[1] 楊長江，姜波克. 國際金融學 [M]. 4版. 北京：高等教育出版社，2014.

（三）過度舉債和居高不下的財政赤字

20世紀50年代以後，拉美國家在實施工業化的過程中，主要依靠大規模向外借債的方式來補充國內投資的不足，導致外債規模急遽膨脹，並在20世紀80年代初出現債務危機。進入90年代以後，拉美國家在推行經濟自由化政策的過程中，資本的自由流動使得外部資金流入更加便利，債務規模再次迅速增長。債務規模的增長也使得債務國背負沉重的還本付息壓力，經濟的脆弱性日益明顯。尤其是一些債務負擔比較重的國家，往往因為沒有能力償還高額債務，為了獲得國際金融組織的貸款而被迫接受他們提出的貸款條件，從而進一步加劇了經濟的脆弱性。更為嚴重的是，有的國家借來的外債並沒有進入實體經濟，造成資金未產生一定的效益，一旦政府不能繼續借到資金來支付債務，債務危機的發生就不可避免。另外，拉美國家還存在著一個比較嚴重的問題就是政府財政赤字問題。拉美地區許多國家政府比較偏好較高的政府預算，具有較為強烈的自我膨脹欲，政府開支每年的增長率遠遠高於經濟增長率，財政赤字規模越來越大。為了彌補財政赤字，許多拉美國家一般採取兩種方式，一是把稅率大幅提高和增加賦稅種類。這樣一來，大大增加了企業的稅賦負擔，企業盈利下降，失業率增加。二是通過政府舉債的方式。隨著政府債務規模的增加，政府只能通過借新債還舊債的方式來維持政府的支出。這樣一來，拉美各國政府為了彌補財政赤字，逐漸陷入了「借債→還債→再借債→再還債」的惡性循環，經濟狀況愈加惡化。

三、對金融監管的啟示

綜上所述，拉美國家如墨西哥、巴西以及阿根廷等國金融危機發生的原因各有不同，但投機性國際資本的頻繁流動以及肆意地破壞正常的金融秩序是一個不容忽視的重要因素。隨著全球化的進一步發展，金融資本和生產資本的矛盾會越來越尖銳，資產泡沫會長期存在，一旦處理不當既會危害經濟實體的發展，也會加劇金融危機的發生。西方國家推行的新自由主義理論只是代表少數發達國家及國際壟斷資本的利益，對於拉美國家只能是陷阱。拉美國家在自身經濟實力不強，金融業不是很發達，金融體系還不夠穩健，金融監管制度不健全的前提下，盲目推行經濟的自由化，面臨的風險和挑戰是很大的。拉美國家多次發生的金融危機，充分證明拉美國家所推行的金融自由化政策是不切實際的，因而強化政府的干預，加強金融監管，在此基礎上逐漸推行經濟、金融的自由化才是正道。

第三節　東南亞金融危機

一、東南亞金融危機的表現

1997年2月份以來，國際投資基金在泰國金融市場上大量拋售泰銖，使得泰銖出現大幅度貶值，泰國政府不得不動用外匯儲備來維持固定匯率制。1997年7月份，泰國政府因外匯儲備不足而無力保持泰銖匯率穩定，最後只能舍去固定匯率制，轉而實施浮動匯率制，導致泰銖貶值程度進一步加深。隨後，泰銖的貶值效應在菲律賓、馬來西亞、印度尼西亞等國持續發酵，導致這些國家的股市和匯市接連下挫。與此同時，大批金融機構倒閉、失業率增加，經濟增速下降，從而導致了整個東南亞國家金融危機的爆發。這次金融危機和前面幾次金融危機相比，存在一些不同點。

第一，這次金融危機擴散模式不同。以往金融危機由發達國家開始逐步向發展中國家蔓延，而這次金融危機正好相反。

第二，這次金融危機由貨幣危機引發，改變了傳統上由產業危機傳到金融體系中而引發金融危機的時間順序。東南亞金融危機發生前，經濟指標並沒有出現明顯的徵兆，金融危機的發生具有突發性和連續性。

二、東南亞金融危機爆發的原因

東南亞金融危機發生的原因是多方面的，既有外部環境的衝擊，也有東南亞各國內部因素的影響。

（一）外部因素

1. 國際資本的衝擊

1997年以來，泰國經濟增速出現明顯下降，出口規模減小，匯率明顯高估，並採取盯住美元的固定匯率制，這些經濟因素的存在給國際金融炒家提供了套利機會。索羅斯管理的量子基金正式利用泰國經濟的不穩定性而大舉進入泰國金融市場，並大規模拋售泰銖從而引發了泰國的金融危機。

2. 金融自由化的過度發展

隨著經濟全球化的發展，世界各國經濟已經連接成一個整體，危機傳染效應進一步放大。東南亞金融危機首先發端於印度尼西亞，隨後很快蔓延到泰國、菲律賓、馬來西亞等東南亞國家，最終傳導到世界其他國家或地區。另外，東南亞國家過度推行金融自由化，而金融監管相對滯後，為資金流動提供

了便利，使得投機性的國際資本有了可乘之機。

（二）內部因素

1. 過度舉債，特別是短期外債規模過大

20世紀90年代以來，東南亞國家在經濟快速增長的同時，出現了資金短缺和通貨膨脹的壓力。在這種情況下，東南亞地區金融市場利率一直處在較高水準，吸引了大量的投機資本，投機資本的高流動性，引起該地區金融市場的大幅波動。同時，東南亞國家債務負擔越來越重，特別是短期債務規模逐漸增加，導致經濟的不穩定。

2. 金融市場開放過早，而金融監管不力，金融體制改革明顯滯後

東南亞國家在20世紀90年代實施了一系列金融自由化政策，目的是吸引大量的國際資本來促進國內的經濟發展，以趕超世界發達經濟體。但是，在推行金融自由化的過程中，本國的金融體制改革滯後、金融監管不健全，也未能建立適應市場的高效率和穩健的風險管理體系。在這種情況下，過於激進地推行金融自由化，貿然開放資本市場來吸引外來資金，最終就會不可避免地發生金融危機。

3. 僵化的固定匯率制

一直以來，東南亞國家大多選擇本國貨幣與美元直接掛勾的固定匯率制。20世紀90年代以來，隨著美元的不斷升值，東南亞國家的出口競爭力下降，出口規模下降，貿易逆差越來越大，同時外債卻在不斷增加，造成本國貨幣貶值壓力增加。為了防止貨幣的進一步貶值，東南亞國家只能動用外匯儲備來進行干預，這樣必然會導致外匯儲備大幅降低，一旦外匯儲備不足，就沒法維持固定匯率制，其結果只能是貨幣的快速貶值，造成貨幣危機。

三、對金融監管的啟示

1997年爆發的東南亞金融危機給亞洲特別是東南亞地區經濟造成了嚴重影響，同時也給各個國家金融體制尤其是金融監管體制改革指明了方向。

（一）資本市場的開放需要循序漸進

影響資本市場的波動因素很多也非常複雜，既有資本市場制度本身的因素，也有宏觀經濟因素，還有資本市場內部微觀因素。因此，推動資本市場的開放，需要綜合考慮上述因素的變化，採取循序漸進的方式。東南亞各國在推進金融自由化，放開本國金融市場前，需要調整好本國經濟結構，提高綜合國力，增強本國抵禦風險的能力。一定要深化本國的金融改革，建立一套完善、健全的風險防範體系。

（二）建立健全金融體系，加強金融監管

建設健康穩健運行的經濟體系需要健康穩健的金融體系作為保證。金融體系建設包括宏觀調控政策、利率和匯率形成機制、金融市場結構、金融機構體系以及金融監管體系等方面的內容。對於發展中國家來說，其金融體系還不健全，風險抵禦能力不強，金融監管體制落後，不能適應金融國際化發展的需要。因此，發展中國家要預防發生金融危機，就需要建立和完善本國的金融體系，強化金融監管，以提高本國金融體系防範和抵禦金融危機的能力。

第四節　美國次債危機

一、美國次債危機的產生與演變

2006年之前美國房地產市場異常火爆，這主要歸功於美國住房信貸市場上的一種新的金融創新產品——次級抵押貸款，並由次級抵押貸款衍生出大量的證券化產品，使得大量的信貸資金進入房地產市場，催生了房地產市場一片繁榮的景象。

資金推動下的房地產繁榮，也會因為資金供給突然減少而發生逆轉。為了抑制房地產價格的過快增長，降低通貨膨脹率，2006年開始，美國逐步實施緊縮性的貨幣政策。隨著貨幣政策的收緊，美國兩大次級貸款抵押公司開始減少次級抵押貸款的發放，同時住房抵押貸款市場陸續出現違約現象。隨著時間的推移，貨幣政策緊縮效應在住房貸款市場日益顯現出來，住房信貸市場違約現象日益增多，以次級貸款為標的的金融衍生品信用級別被大幅下調，金融市場的恐慌氣氛日益蔓延開來，隔夜拆借利率出現飆漲，市場流動性進一步緊縮，投資者恐慌情緒進一步增強。隨後，大量的與次級住房抵押貸款有關的金融機構出現倒閉，美國聯邦儲備委員會被迫進入「降息週期」進行救助。另外，美聯儲還採取多種方式，如降低貼現率、將貼現窗口向投資銀行開放、將貸款進行拍賣等，不斷向金融市場注入流動性。但這些措施只是暫時緩解了金融市場的恐慌，而並沒有阻止危機的進一步蔓延。隨後幾個月內，印地麥克（IndyMac）銀行、雷曼兄弟相繼宣布倒閉，美林公司（Merrill Lynch）被美國銀行（Bank of America）收購，金融體系內恐慌氣氛日益濃厚。

美國次債危機的影響還在繼續，美國一些大型金融機構為了避免倒閉的命運，紛紛採取各種方式進行自救。其中，美國保險巨頭美國國際集團（AIG）向美聯儲尋求緊急貸款援助，高盛（Goldman Sachs）和摩根士丹利（Morgan

Stanley）組建銀行控股公司，謀求轉型之路，以改變原來單一投資銀行的模式。美國最大儲蓄銀行——華盛頓互惠銀行被美國監管機構接管，其部分業務被賣給了摩根大通銀行。

次債危機的發生不僅引發了美國金融體系的崩潰，同時也波及世界許多國家和地區。世界幾大經濟區域如歐盟、東盟、中國、日本以及巴西、印度等新興國家也都受到巨大的衝擊，由此導致全球性金融危機的發生。

二、美國次債危機發生的原因

美國次債危機導致的全球性金融危機給美國和世界經濟都造成了巨大影響，並引發了全球經濟的衰退。追溯危機發生的根源，過於寬鬆的貨幣政策、金融市場投資者的非理性、信息的不對稱、金融的過度創新以及金融監管的缺失等是危機爆發的主要原因。

（一）寬鬆的貨幣政策

2001年以來，美國貨幣政策一直比較寬鬆，聯邦基金利率一直處於下降之中，並在較長時間維持在低利率水準。低利率政策導致大量信貸資金進入房地產市場，催生了美國房地產市場的一片繁榮。然而，從2004年6月份開始，美聯儲放棄了相對寬鬆的貨幣政策，轉而逐步採取緊縮性的貨幣政策，到2006年美聯儲總共進行了17次加息，抵押貸款利率隨之逐漸提高，借款人還款壓力越來越大，同時房地產價格日益下降，貸款違約率逐漸上升，以次級抵押貸款為標的的證券化產品也隨之出現違約現象，危機由此發生。

（二）投資者的非理性

馬宇（2017）指出：「美國次債危機發端於次級住房抵押貸款，而次級住房抵押貸款絕大多數是向信用等級較低和償債能力較差的客戶所提供的住房貸款，銀行發放次級抵押貸款後，為了分散風險並提高資產流動性，將次級抵押貸款進行證券化後銷售給投資銀行，投資銀行又將抵押貸款證券（MBS）按照風險等級打包分割，衍生擔保債務憑證（CDO）。」CDO由信用評級機構根據風險的不同又進行分級，分別銷售給風險偏好不同的消費者。經過這一系列的金融創新，由次級抵押貸款衍生出的金融產品規模被成倍放大，而一旦次級抵押貸款市場出現問題，風險也隨之成倍放大。在次級抵押貸款的發放以及由此衍生出來的產品的銷售過程中，不管是金融機構還是個人投資者都存在非理性行為，這種非理性行為進一步放大了金融體系的風險。

（三）金融衍生品的過度創新

美國的金融制度比較發達，金融體系結構層次較多，金融產品創新不斷湧

現，尤其是金融衍生品市場發展相當迅速。金融衍生品在為投資者提供風險規避手段的同時，也極大地放大了金融體系的風險。一方面，金融基礎產品和金融衍生品價格變動與利率密切相關；另一方面金融基礎產品和金融衍生品之間的價格聯動性強。因此，一旦美國的利率出現較大的波動，金融基礎產品和金融衍生產品價格波動風險就會加大，尤其是金融衍生品市場的風險會成倍放大。馬宇（2017）認為：「美國次債危機的發生，就是由次級住房抵押貸款及其衍生品出現風險而引發的。」大量的以次級住房抵押貸款為基礎的衍生品被銷往世界各國，一旦美國次級抵押貸款出現違約，其衍生品價格必然下跌，因而給投資者造成巨大損失，美國次債危機就這樣很快蔓延到其他國家，從而引發了全球性的金融危機。

（四）金融監管缺失

美國次債危機發端於金融衍生品市場。金融衍生品結構比較複雜，投資者對金融衍生品市場信息掌握不充分，投資者風險防範能力較差。監管部門對金融衍生品市場的監管並沒有高度重視，因而金融衍生品市場得到了快速發展，隨之而來的風險也在不斷累積。例如，CDO 產品市場，對於 CDO 產品的購買人來說，他很難知道所購買的 CDO 產品的原始標的，因為 CDO 產品是經過多種固定收益產品打包而重新拆分的具有信用評級的固定收益產品。賣方對 CDO 產品掌握的信息明顯比買方多得多，因而就會出現劣幣去除良幣現象，增加了市場上的風險。馬宇（2017）認為：「金融衍生品市場監管的缺失，使得金融衍生品市場的風險難以控制，大量的金融機構涉足金融衍生品業務，但又缺乏風險管理手段，一旦金融衍生品市場風險累積到一定程度而爆發出來，其後果可想而知。」

三、美國次債危機對金融監管的啟示

（一）危機前美國金融監管的特點

1. 美國金融監管制度相對比較健全，但在一些方面存在監管缺陷

金融危機前，美國金融監管模式是一種雙重多元化的監管體制。雙重是指存在聯邦和州政府兩級監管機構，多元是指一個金融機構可能接受多個監管機構的監管。總體來說，美國金融監管分工還比較明確，但是隨著金融混業經營的發展，這種監管體制引發的金融監管真空和交叉監管的問題比較突出，且不同監管機構監管標準的不統一，容易造成監管套利，從而降低了監管效率。與此同時，這種多元化的監管體制也容易出現監管重疊現象，進一步降低了監管有效性。

2. 金融監管制度比較靈活,但對非銀行金融機構監管相對較寬鬆

就資本充足率標準而言,商業銀行要嚴格執行國際標準,而對於非銀行金融機構,如投資銀行、住房類金融機構,其資本要求都非常低,從而導致這些金融機構槓桿系數居高不下,槓桿倍數均超過30倍,經營風險明顯增加。

(二) 金融監管啟示

分析美國次債危機發生的原因,並結合美國金融監管體制的特點,我們從中可以得到一定的啟示:

1. 金融監管權力要逐步集中化、監管範圍要全面化

美國原有監管體制具有多元化、網格化的特點。美聯儲作為美國中央銀行,其監管權力較弱,美國金融業的監管權力比較分散。另外,美聯儲監管範圍主要集中在商業銀行等銀行性金融機構,卻忽視了金融控股公司、非銀行性金融機構的監管,美國監管機構之間缺乏協調與合作機制。因此,美國金融監管體制改革需要著力解決這些體制機制問題,適當增加美聯儲的監管權力和範圍,確立美聯儲作為監管機構的中心地位。

2. 強化消費者權益保護

重視金融消費者的保護,建立專門的消費者金融保護局應當成為各國金融監管改革的一項重要內容。金融消費者作為金融市場的重要參與主體,理應保護其權益不受金融市場中各種違法違規行為的侵害,一旦金融消費者權益受到侵害,要有相應的應急處理機制,將金融消費者的損失降到最小。只有這樣,才能吸引消費者進入金融市場,才能維持金融市場的繁榮穩定。因此,要加強對金融市場中各種金融產品及服務的監管,保證金融產品信息的公開、透明、真實;嚴格執行金融市場的准入標準,創造良好的金融市場秩序。

【延伸閱讀】美國主權債務風險及影響因素分析

一、美國主權債務發展歷史

主權債務是指一國以國家信譽為擔保向國外所借的債務,如果不能按期償還就會發生主權債務危機。美國聯邦政府所發國債如果被美國以外的投資者購買,就形成了美國的主權債務。對於一般的國家來說,主權債務大多以外幣計價,因此只能以外幣償還,不能用本幣償還,如果出現違約則很可能出現本幣匯率貶值和資本外逃。對於美國來說,情況則與此完全不同,因為美國政府借債所用貨幣都是美元,美元是國際貨幣,所以美國政府的內債與外債區別不大。最為重要的是在特殊情況下,美國可以通過債務貨幣化來減輕債務負擔,通過增發貨幣避免出現債務不能按時償還導致的直接違約。增發貨幣製造嚴重

通貨膨脹來消減債務，實際上是債務違約的另外一種形式。因此，雖然美國出現直接違約的可能性較小，但是美國主權債務風險仍然現實存在，而且在一定條件下可能會被放大。鑒於美國政府債務的特殊性，我們把美國內債與外債綜合考慮，分析美國政府債務的情況。

1929年爆發經濟大危機，美國政府為刺激經濟發展而實施財政赤字政策，政府向公眾借債，大規模修建道路和橋樑等公共設施，從而使美國聯邦政府的債務從1932年的190億美元增加到1940年的428億美元。隨後而來的第二次世界大戰進一步使美國政府債務快速增長，從1940年的428億美元增加到1944年的1,848億美元，再增加到1948年的2,163億美元，這期間主要是由戰爭引起的國防開支大幅擴張導致的債務總額快速膨脹。[①]

第二次世界大戰結束後，美國為籌集戰爭經費而產生的財政赤字大幅下降，而在凱恩斯經濟思想的指導下，為刺激經濟發展而出現的財政赤字開始增加，但是隨著戰後經濟快速恢復增長，美國政府的債務率出現了顯著下降。例如，1948年美國聯邦政府債務為2,163億美元，1952年為2,148億美元，1956年為2,222億美元，1960年為2,368億美元，1964年為2,568億美元，1968年為2,895億美元，債務總量穩定。但是，因為經濟快速增長，美國聯邦政府債務占GDP比重顯著下降，從1948年的80.4%下降到1968年的31.8%。

從20世紀70年代開始，美國債務在沒有經歷重大戰爭和經濟危機的情況下，政府債務率迅速提高。由於長期實行凱恩斯的刺激需求的政策，以及在兩次石油危機的衝擊下，自20世紀70年代以來美國債務總額占GDP比重一直攀升，1980年為41.18%，1985年為54.09%，1990年為61.99%，1995年為68.8%。聯邦政府支出增加部分主要用於教育、醫療、社會保障等方面。這一時期，美國聯邦政府債務的主要用途不是戰爭經費和刺激經濟，而是提高社會福利水準和保障水準，同時也是各政黨為拉選票，而不斷承諾和提高公民福利和社會保障水準的結果。

二、美國主權債務違約歷史

美國歷史上不止一次出現債務違約，至少包括5次。1779年，政府無力贖回獨立戰爭期間發行的大陸貨幣；1782年，各殖民地政府無力償還為籌措戰爭經費而欠下的債務；1862年，南北戰爭期間，北方聯邦政府無力按照債券上約定的條件用黃金贖回債務；1934年，富蘭克林·德拉諾·羅斯福執政

---

① The National Debt of the United States, 1941-2008, ROBERT E KELLY, McFarlan &Company, Inc., Publishers Jefferson, North Carolina, and London 2008, P54.

期間無力償還一戰的戰爭債務，並拒絕用黃金贖回；1979年，政府工作的疏漏，導致一小部分債券的利息支付發生延誤。除了1979年那次主要是由於政府工作混亂所致外，其餘幾次都是因為政府沒錢了。其結果都是美元不得不貶值，意味著美元的購買力顯著下滑。

從1917年美國設定國債上限以來，主要發生了兩次「疑似」技術違約。技術違約是指美國政府流動資金耗盡，同時無法上調債務上限，導致無法按時支付本息。一次在1933年羅斯福總統任期內，但這次違約有其特殊性，當時美國債券仍和黃金掛鉤，由於經濟危機政府無力繼續用黃金支付一戰債券，因此國會被迫立法規定以紙幣償付債務。另一次「疑似」技術違約發生在1979年，政府工作疏漏，導致一小部分債券利息支付發生延誤，造成短期技術違約。

三、美國主權債務現狀

截至2016年12月，美國聯邦政府債務接近20萬億美元，社保醫保基金未來缺口40萬億~120萬億美元。美國債務可分為現實的債務和隱性的或潛在的債務。隱性的或潛在的債務包括聯邦政府擔保的債務和社保醫保基金未來缺口。聯邦政府擔保的債務在經濟逐漸好轉的情況下，出現問題的概率較小，所以一般不會轉變為政府的現實債務。社保醫保基金缺口的測算不夠精確，一般認為至少有40萬億美元，這是在多年後才能暴露出的問題，目前可以暫時不考慮，但是這部分債務數額巨大，一旦轉換為現實債務，很可能帶來嚴重危機。

由於巨額的存量債務需要支付利息，未來幾年內美國的利率水準很有可能從目前的最低點開始上升，巨額債務的利息負擔將大幅增長，這又轉變成新的債務。如果要想讓美國的債務經濟循環下去，就得不斷借新債還舊債，美聯儲也必須增持國債，投放貨幣，這在未來幾年很可能帶來通貨膨脹。一旦較為嚴重通貨膨脹開始，債券投資者必然要求更高的投資回報，從而使利率上升，債務利息成本上漲。同時，通貨膨脹的到來也會相應地增加美國政府的財政支出，從而可能使財政赤字進一步擴大，債務總額繼續增長。

2000年到2013年美國聯邦政府財政收入有5年是下降的，財政支出一直維持強勁增長，財政赤字的絕對數額和占GDP比重都有了大幅提高。在應對金融危機和軍費擴張等因素的影響下，2009年財政赤字達到了1.46萬億美元的創記錄水準，占GDP比例為10%；2010年財政赤字為1.29萬億美元，占GDP比例為8.9%；2011年財政赤字為1.299萬億美元，占GDP比例為8.7%；2012年財政赤字為1.089萬億美元，占GDP比例為7%。國債數額也從2001

年的5.6萬多億美元增長到2013年的17萬多億美元。① 國債總額的暴漲導致每年國債利息支出數額巨大,尤其是在不久的將來當美國結束超低利率之後,美國國債利息支出必將大幅上升。美國國會議員David Schweikert(2011)認為真正導致美國聯邦財政危機的是國債利息支出暴漲至每年8,000億美元。②

美國債務數額如此之大,未來會不會出現違約和爆發債務危機呢?這將取決於一些條件的變化:美國經濟增長能否強勁復甦;財政赤字能否減少;利率能否維持在較低水準;與人口相關的長期性債務變化情況。

四、影響美國主權債務風險的因素

第一,財政赤字。美國聯邦政府債務主要是通過財政赤字不斷累積產生的,因此,財政赤字的多少對美國債務風險具有決定性的影響。財政赤字來源於財政支出大於財政收入的部分。從現實情況來看,美國財政支出存在很強的剛性,削減支出的政治阻力非常大。從支出結構上來分析,美國財政在軍費支出、利息支出和社會保障及醫療保險等方面的支出難以縮減和控制。第一,由於債務總額的不斷增加,利息負擔越來越重,財政赤字導致債務增加,債務增加導致利息支出增加,利息支出增加導致財政赤字增加,已經形成了一個惡性循環。目前美國利率處於歷史上最低水準,一旦將來利率水準上升,則利息支出會大幅增加。第二,美國為維持在全球的軍事霸權,必須保持一個龐大的軍事開支,占財政支出的20%左右,很難縮減。第三,美國聯邦財政支出中的社會保障及醫療健康保險支出難以削減。社會保障及醫療健康保險支出占財政支出總額的60%左右,是最大的支出項目。

美國聯邦政府增加財政收入的能力很有限。財政收入主要來源於稅收,而經濟增長乏力又使得稅收總額難以大幅增加。通過增設稅目和上調稅率可以很快增加財政收入,但是這要承擔政治失敗的風險,政治人物往往都是通過減少稅務負擔來獲取選民的支持,增加稅收後的政策會受到來自各方面的壓力和限制,最終很難實現。從實際情況來看,近年來美國政府為促進經濟增長,主要實施削減稅負的政策。減稅政策是美國政府的主要政策,這樣就造成一方面支出難以縮減,呈現向上剛性;另一方面不斷推出稅收減免政策,財政收入增加困難,由此出現持續的巨額財政赤字,並導致聯邦政府債務快速增加。

第二,經濟增長。美國經濟能否快速健康發展是美國主權債務風險的重要影響因素,如果GDP增速高於債務增速,那麼隨著時間推移,債務負擔率會

---

① 數據來源:國務院發展研究中心信息網。
② 高建柏:《美國公共債務形成機制及發展趨勢》,載 http://blog.sina.com.cn/s/blog5fd6ca3a0100.html2011-06-26。

逐漸下降，債務風險降低；反之，如果經濟增長長期乏力，債務負擔率就會上升，風險隨之上升。如果從財政收入和支出的角度來考慮，快速的經濟增長一方面能夠增加稅收，另一方面也可以減少失業保障等支出，從而縮減財政赤字。因此，經濟增長狀況對美國聯邦政府債務風險具有很大影響。

美國雖然遭受了金融危機的衝擊，但是企業仍然具有較強的活力，保持著良好的創新能力，再加上完善的市場經濟機制，美國經濟在未來仍有很大的增長潛力。雖然，美國的傳統製造業和房地產業在衰退，但是在航空航天、網絡通信、生物醫藥和新能源等領域都保持著強大的競爭優勢，因此，美國未來經濟增長的潛力不可低估。快速的經濟增長是降低美國債務風險的最重要因素。

第三，老齡化與隱性債務。美國聯邦政府顯性債務占 GDP 比重已經超過 100%，但是這只是美國聯邦債務的一部分，還有巨額的隱性債務沒有計算在內。隱性債務主要來自於社保基金、醫療保險和醫療補助的巨大缺口，這些債務在近期不會變為現實的債務，但是隨著時間的推移，如果不能採取有效措施，這些債務最終會變為現實債務。

美國社會老齡化使得社保和醫保支出額迅速擴大，超過了 GDP 的增長速度。2012 年美國社保醫保占財政支出的比例已經超過 60%[①]，而且隨著人口老齡化的發展，社保醫保的支出還將持續增加。美國審計總署分析的結果認為，美國債務與 GDP 之比到 2040 年會翻一番，到 2060 年會再翻一番。美國國會預算辦公室認為 2038 年美國債務占 GDP 比例將達到 180%。Laurence J. Kotlikoff（2011）認為美國非利息支出和預計收入之間的財政缺口高達 211 萬億美元。[②]

第四，或有負債及意外衝擊。現代市場經濟中，一國政府既要承擔維護公共秩序的社會責任，又要通過自身收入支出及資產負債的變化來調節經濟，以解決市場失靈帶來的問題。在這一過程中，政府通過為市場主體提供顯性和隱性擔保，從而構成了政府的或有負債。這些或有負債不是由法律確定下來的，無法計算出或有負債的數量，因為或有事項是不確定的，風險大小及政府需要出資的數量也是不確定的；因此，隱性的或有負債對財政具有巨大影響，一旦出現經濟危機或遇到一些意外的衝擊，或有負債就會轉變為現實的財政支出。當爆發金融危機或經濟危機時，一些大型企業或金融企業的風險上升為影響社會安全的公共風險，政府就必須出面救助，從而使或有負債轉化為政府的現實

---

① 根據國務院發展研究中心信息網統計數據計算。
② 譚志娟：《前總統經濟顧問稱美國財政缺口高達 211 萬億美元》，載 http://finance.eastmoney.com/news/1344，2011081,4155838863.html，2011-08-15。

負債。在危機條件下，或有負債導致政府財政非正常支出大幅增加，形成巨大財政赤字，可能出現財政危機和主權債務危機。

美國國債具有眾多投資者的主要原因是美元是國際貨幣，而美元之所以能夠成為國際貨幣，主要原因就是美國是世界第一經濟強國，無論在經濟規模還是在經濟質量及創新能力等方面都居於世界領先地位。一旦美國的相對經濟地位有所下降，甚至失去世界領先的地位，那麼就有可能出現可替代美元的貨幣和替代美國金融市場的市場，將給美國主權債務帶來巨大風險。

第五，利率變化。美國聯邦政府債務數額巨大，每年需要支付的利息也是一筆巨大的開支。目前美國聯邦債務已經超過 17 萬億美元，利率水準處於歷史最低點，未來利率有很大的上漲空間。如果利率上漲 1 個百分點，每年就要增加 1,700 億美元的利息支出。美國聯邦基金利率歷史平均水準在 4% 以上，如果美國聯邦基金利率從 0.25% 上升到 4%，那麼美國政府每年就要再多支付 6,375 億美元的利息。這只是靜態的計算，從動態角度來看，美國聯邦政府債務還會因巨額財政赤字而不斷增長，再加上利息的利息，在不遠的將來，美國聯邦政府每年需要支付的利息很可能接近或超過 1 萬億美元。因此，沉重的利息負擔將有可能使美國陷入「龐氏融資」的困局之中，給國債持有者帶來極大風險。另外，利率的變動將會對資產價格產生巨大影響。國債利率的上升會壓低國債的市場價格，從而給那些持有美國長期國債的投資者帶來損失。例如，中國持有 1.6 萬億美元資產證券，如果市場價格下跌 10%，那麼，中國就直接損失 1,600 億美元。

第六，通貨膨脹率。一國政府欠債過多時，往往會求助中央銀行通過增發貨幣來最終解決債務問題，結果可能是形成通貨膨脹。美國政府巨額國債的發行也是通過美聯儲的配合，才能在市場平穩的情況下獲得融資。美國政治體制的特殊之處在於美國聯邦政府不能直接向美聯儲融資，必須通過發行國債的方式融資，而且發行國債有一個法定的上限，這個上限是國會立法設定的，更改上限也必須得到國會的批准，因此，才會出現美國國債觸及上限的問題。

美國聯邦政府通過發行國債向市場融資，當國債數額過大，而市場缺少購買力時，美聯儲就會通過增發貨幣收購政府國債，也就是美聯儲實行的量化寬鬆貨幣政策，從而使國債可以順利發行。這一過程實際上是美國聯邦政府債務的貨幣化。當美聯儲購買國債達到一定數量時就會出現貨幣發行過多、通貨膨脹和美元貶值的風險，從而給持有美國國債的國外投資者帶來風險。

第七，美元國際地位。由於美元的國際貨幣地位，很多國家中央銀行和政府都大量持有美國國債，並形成了美國發債給新興市場國家，新興市場國家輸

出商品給美國的這樣一個格局。美國通過債務關係已經綁定了主要債權國，債權國和美國之間形成非對稱的依賴關係，債權國不敢輕易拋售美元資產，如果拋售的話，債權國首先遭受損失。另外，美債作為低風險資產的地位在短期內不會改變，而它的替代投資品在短期內也難以出現，其他投資品在各方面目前都無法與美債競爭。

從長期來看，美元的國際貨幣地位是否會受到削弱呢？其實目前已經出現了美元地位被削弱的跡象，例如，中國與很多國家避開美元結算，使用雙方國家貨幣進行結算；很多國家外匯儲備進一步多元化，增加了其他貨幣比重；人民幣國際化的步伐正在加快，人民幣已經在一定國際範圍內被使用和流通。如果美國在未來某一時刻，美元國際貨幣地位真的受到挑戰，那麼很可能出現20世紀60年代末到70年代初美元危機的情形，即美元被大量拋售，投資者搶購其他貨幣資產，那時美國國債的價格就會大幅下跌，投資者必須承擔巨大的風險和損失。

（本部分內容轉載自馬宇著的《美國主權債務風險研究》第三章和第四章（中國金融出版社，2017年1月）。）

歐盟保險監管新規 Solvency II 理論框架

歐盟保險監管新規 Solvency II 借鑑了《巴塞爾協議 II》的監管理念和框架設計，提出了包含三大支柱的基本框架。

（1）第一大支柱——定量金融要求

支柱一主要通過規定一些數量型的指標來對金融機構提出定量的金融要求，這些指標主要包括資產與負債的估值、自有資金、技術準備金的計算、資本要求和投資規則等指標。

對於資產與負債的評估，償付能力 II 規定保險企業一定要採用公允價值進行估值，即用熟知市場情況的買賣雙方在自願、公平的原則下所商定的價格，或沒有關聯的雙方在公平交易條件下某項資產或者負債的成交價格。

對於技術準備金計算，主要採用現在退出值進行評估，即熟知市場情況的買賣雙方在自願、公平的原則下所確定的負債轉移價格。技術準備金分為可套期風險準備金和不可套期風險準備金兩種，可套期風險準備金其負債的市場價值就等於能夠複製其現金流的金融工具的市場價值；而不可套期風險準備金其價值等於最佳估計加上風險邊際之和，最佳估計和風險邊際分別計算。

歐盟償付能力Ⅱ的資本要求包括償付能力資本要求和最低償付能力資本要求。計算償付能力資本要求時採用 VaR 值法，即計算未來一年內在 99.5% 置信水準下保險企業的在險價值（VAR）。除了重大假設發生變化時需要及時測算並上報監管機構之外，償付能力資本要求計算週期一般為一年度。

　　在測算償付能力資本要求時，根據不同保險企業的實際情況，一般可選擇使用內部模型法、標準模型法和其他可以採用的簡化方法三種方法。

　　內部模型法是保險企業按照歐盟的統一規定，並根據自身風險管控和技術需要而獨自研發的，在研發中可以自主決定各種假設和參數。保險企業在使用內部模型時需要向歐盟機構說明使用內部模型的優勢並得到歐盟監管機構的批准。保險企業使用的內部模型需要根據風險環境的變化進行調整並報監管機構審批。這種方法主要適用於大型保險企業。

　　標準模型法是由歐盟負責開發的用於計算償付能力資本要求的模型，評估中所採用的所有假設和參數都是由監管機構事先設定的，主要適用於中小型保險企業。

　　償付能力資本要求包括基本償付能力資本要求（Basic SCR）、技術準備金和遞延稅調整項以及操作風險資本要求（圖 2-1 所示）。對於具有多個子公司的保險企業，需要分別計算各個子公司的各個部分償付能力資本要求及各部分償付能力資本要求之間相關係數矩陣，加總得到各子公司的償付能力資本要求，然後再加總各個子公司的償付能力資本要求就得到該保險企業的償付能力資本要求。

　　測算基本償付能力資本要求的標準法，是以保險企業的風險為基礎開發的一套科學計算方法。標準法將保險企業面臨的風險分為非壽險承保風險、市場風險、健康險承保風險、信用風險、壽險承保風險五種風險，並分成相應的五個風險模塊（見圖 2-1），分別計算每個風險模塊 99.5% 置信區間下的 VAR 以及五個模塊之間的相關係數矩陣，然後加總得出基本償付能力資本要求。由於每個風險模塊又包含多個子風險，每個風險模塊的資本要求也同樣按照加權的方法計算。

　　在技術準備金和遞延稅調整項的計算方面，應體現技術準備金和遞延稅的降低對資本損失的影響，技術準備金調整項主要源於分紅假設的不相同，而遞延稅的調整項主要源於會計差別，二者都為償付能力資本要求的減項。

　　操作風險資本要求主要是指在基本償付能力資本要求中沒有體現的那部分操作風險的資本要求。對於投資連接型合同而言，其操作風險資本要求應不多於這類合同保險責任相關的年度費用，而其他類型的合同，則其操作風險資本要求為這類合同相對應的償付能力資本要求的 30% 為宜。

　　最低償付能力要求是對保險企業償付能力的最低要求，在企業財務狀況惡

```
                    ┌─────────────────┐
                    │ 償付能力資本要求 │
                    └─────────────────┘
           ┌──────────────┼──────────────┐
┌──────────────┐ ┌──────────────┐ ┌──────────────┐
│技術準備金和  │ │基本償付能力  │ │操作風險資本  │
│遞延稅調整項  │ │資本要求      │ │要求          │
└──────────────┘ └──────────────┘ └──────────────┘
```

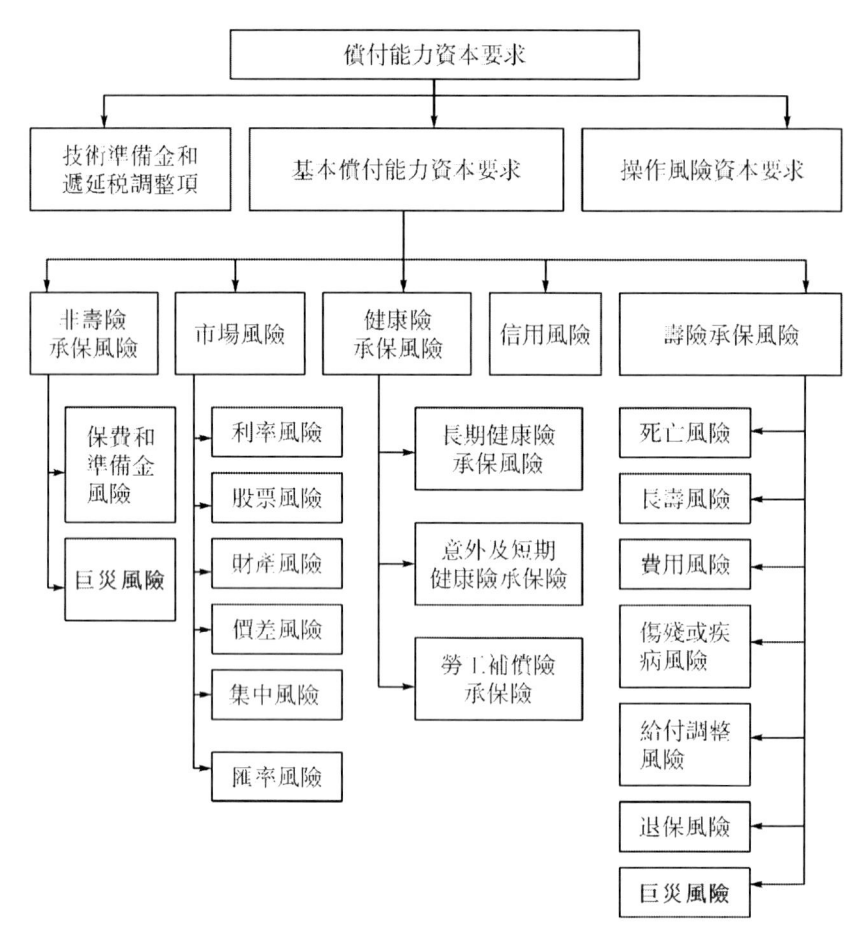

圖 2-1　償付能力資本要求測算基本框架圖

化時起到了緩衝作用。最低償付能力資本要求採用 VAR 值加絕對底線值來規定，即計算在 80%～90% 的置信水準下保險企業未來一年的在險價值，置信水準一般取值為 85%，同時加上絕對底線值的要求，壽險公司和非壽險公司絕對底線值分別為 200 萬歐元和 100 萬歐元。最低償付能力資本要求計算頻率為季度，最低償付能力資本要求低於償付能力資本要求。

（2）第二大支柱——定性金融要求

保險企業償付能力的影響因素中除了企業資本規模外，保險企業的監督審查以及保險企業內部治理結構、風險管理能力、內部控制制度等因素對償付能力的影響也不容忽視。因此，償付能力 II 對上述幾個方面提出了一些定性規定，作為第一支柱中單純使用定量方式評估償付能力的有益補充。保險企業必

須達到監管機構提出的定性要求，否則監管機構有權提出在償付能力資本要求基礎上追加資本的要求，以保證有充足的償付能力。

償付能力Ⅱ定性要求主要包含外部監管機構監督審查程序要求、保險企業公司治理結構和風險管理三個方面。

外部監管機構監督審查是保證保險企業合法、穩健經營的重要手段。監督審查的內容主要涉及保險企業的方方面面，如保險企業內部控制系統、風險管理體系、資本質量、公司治理、壓力測試、資本要求、內部模型等。監管機構在審查過程中需要對保險企業內部控制和風險管理水準做出準確合理評估，尤其要把第一支柱沒有考慮的其他風險作為重點進行檢查；監管機構在監督審查中一旦發現保險企業存在風險管理體系不完善、內部模型使用不合理、遭受的特殊風險未反應在標準模型中等問題，有權要求保險企業進行資本追加。

良好的公司治理系統是影響保險企業償付能力的重要因素。良好的公司治理系統應包括透明的組織管理結構、權責界限分明、恰當的關鍵員工、高效的信息傳播技術系統等。

風險管理系統是定性金融要求的重要內容，是保險企業持續經營的重要保證。保險企業應該根據其經營規模和特徵建立全面有效的風險管理系統，這一套風險管理系統應包括風險管理戰略、風險管理程序、風險管理工具、風險管理人員和風險管理評估與反饋等方面的內容。

（3）第三大支柱——信息披露要求

償付能力Ⅱ在第三大支柱中提出了信息披露要求，即借助市場的力量來進一步加強對保險企業的監督和約束。償付能力Ⅱ規定信息披露既要向監管機構報告又要向社會公開披露。

向監管機構報告的內容應該包括可能影響監管決策的所有信息。一般採用定期報告和臨時報告兩種方式。定期報告具有固定的格式，其內容一般包含測算償付能力要求所需要的保險企業治理結構、資本結構、風險管理體系、財務情況等。臨時報告主要是指當保險企業組織架構發生變動、開拓出新業務、高管人員發生變動、涉及重大訴訟、財務情況出現重大的變化等重大情況發生時需要及時報告的內容。監管機構有權要求保險企業向其提供可能影響其做出正確判斷的所有信息。在保險企業出現特殊情況時，監管機構也可以提出相應的特殊報告要求。如當保險企業出現下列特殊事件時需要馬上報告：一是保險企業財務狀況突然惡化；二是保險企業技術準備金出現不足；三是償付能力面臨不足等。

向社會公眾進行公開披露，要求保險企業在年報中簡要披露其經營管理狀況以及償付能力狀況。經營管理狀況包括保險企業的業務性質及業績描述、治

理體系、內部控制及風險管理狀況等；償付能力狀況包括資本狀況、各種償付能力資本要求、如何計算償付能力資本要求以及對償付能力資本要求的具體解釋等。相對於向社會公眾披露，向監管機構報告的範圍、內容、要求、頻率等都更高。

（轉自：楊琳. 歐盟保險監管新規 Solvency II 理論框架及影響 [J]. 金融監管，2012（9）.）

第三章　美國的金融監管體制

第一節　美國的金融體系

一般來說，在世界經濟發展過程中，不同的國家存在各不相同的金融體系，但總結起來主要存在兩種類型的金融體系，一種是英國和美國建立的以市場為主導的金融體系；另一種是法國、德國、日本建立的以銀行為主導的金融體系。

一、美國的金融機構體系

（一）美國的中央銀行

1913年，美國國會頒布了《聯邦儲備法案》，這個法案的出抬確立了美國中央銀行制度的基本框架。按照《聯邦儲備法案》的規定，美國的中央銀行——美國聯邦儲備體系包括五部分，即聯邦儲備委員會、聯邦公開市場委員會、聯邦儲備銀行、會員銀行、其他四個顧問和諮詢委員會（見圖3-1）。

美國的中央銀行制度隨著美國經濟的發展而不斷完善，美國聯邦儲備體系貨幣政策的執行能力和金融監管能力不斷得到提升，其對美國經濟的穩定和美國金融業的發展都做出了巨大貢獻。同時，美國的中央銀行又相當於世界的中央銀行，其貨幣政策的走向，成為其他國家制定貨幣政策的風向標，對世界經濟的發展也會產生重要影響。

（二）美國的商業銀行

美國商業銀行的發展演變，概括起來有下面三個階段：

1. 自由銀行制度時期（1933年以前）

1781年美國第一家銀行——美洲銀行誕生。隨後越來越多的銀行在各州逐漸建立起來，這些銀行都在州政府註冊，接受州政府的監督檢查，但聯邦政

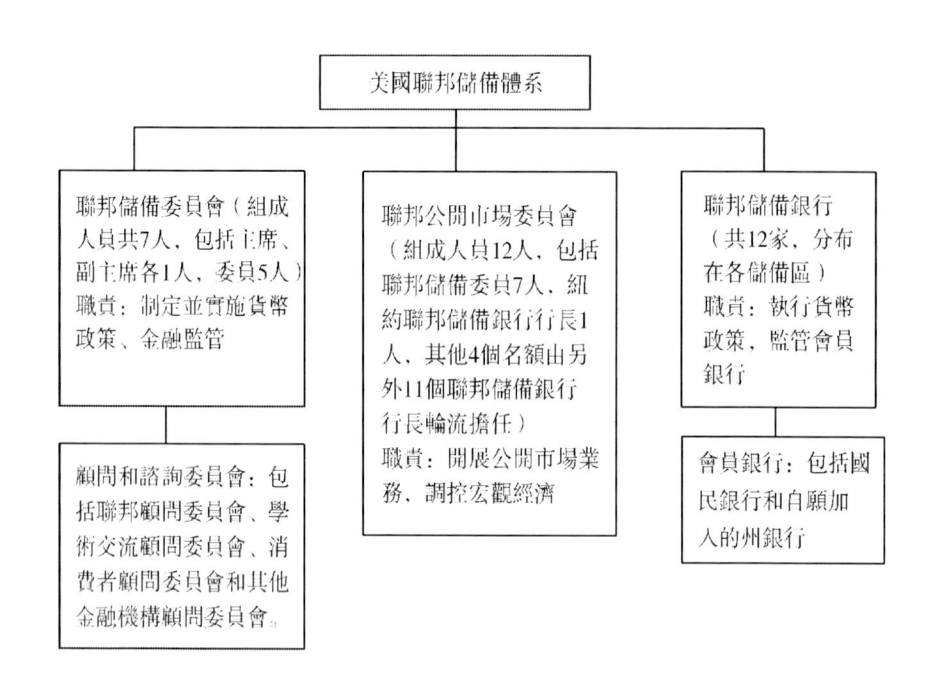

```
                        ┌─────────────────────┐
                        │   美國聯邦儲備體系   │
                        └─────────────────────┘
        ┌───────────────────────┼───────────────────────┐
┌───────────────────┐  ┌───────────────────┐  ┌───────────────────┐
│ 聯邦儲備委員會(組成│  │ 聯邦公開市場委員會│  │ 聯邦儲備銀行      │
│ 人員共7人,包括主席、│ │(組成人員12人,包括 │  │(共12家,分布       │
│ 副主席各1人,委員5人)│ │ 聯邦儲備委員7人,紐│  │ 在各儲備區)       │
│ 職責:制定並實施貨幣│  │ 約聯邦儲備銀行行長1│  │ 職責:執行貨幣     │
│ 政策、金融監管     │  │ 人,其他4個名額由另│  │ 政策,監管會員     │
└───────────────────┘  │ 外11個聯邦儲備銀行│  │ 銀行              │
         │              │ 行長輪流擔任)     │  └───────────────────┘
         │              │ 職責:開展公開市場業│           │
         │              │ 務,調控宏觀經濟   │  ┌───────────────────┐
┌───────────────────┐  └───────────────────┘  │ 會員銀行:包括國   │
│ 顧問和諮詢委員會:包│                          │ 民銀行和自願加    │
│ 括聯邦顧問委員會、學│                          │ 入的州銀行        │
│ 術交流顧問委員會、消│                          └───────────────────┘
│ 費者顧問委員會和其他│
│ 金融機構顧問委員會 │
└───────────────────┘
```

圖 3-1　美國聯邦體系的構成

府對商業銀行的業務經營沒有任何的監督和管理。隨著州銀行數量的逐漸增多,銀行競爭越來越白熱化,各州開始制定相關法律禁止其他州銀行在本州建立分支機構和經營業務,逐步形成了美國的單一銀行制度。1929年經濟大危機後,美國開始推動銀行業改革。

2. 專業化銀行發展階段（1933—1999年）

20世紀30年代大危機,造成大量商業銀行倒閉,也促使了美國對商業銀行監管的改革。其中一項重要改革就是禁止商業銀行從事投資銀行的業務,以降低銀行業務交叉風險,提高商業銀行的專業化水準。隨後,美國又出抬了一系列的法律法規,禁止商業銀行從事其他非銀行業務,進一步完善了美國的分業經營體制,強化了金融監管。

3. 銀行業務多元化階段（1999年以後）

隨著《格拉斯-斯蒂格勒法》的實行,商業銀行的業務範圍受到極大的約束,這不利於美國銀行在國際上的競爭。1994年以後美國銀行業掀起了一股併購熱潮,大量銀行業金融機構開始實施多元化發展戰略。而《格拉斯-斯蒂格勒法》嚴重制約了銀行業發展,要求廢除該法案的呼聲日益強烈。但直到1999年這種努力終於奏效,美國頒布並實施了《金融服務現代法案》,頒布該法案的主要目的是允許商業銀行、證券公司和保險公司三者之間的業務交叉和

滲透。允許證券公司、保險公司和商業銀行之間進行併購。從此，美國銀行業業務出現多元化現象。

（三）美國非銀行金融機構

1. 儲蓄機構

儲蓄機構最早在義大利興起，而美國的儲蓄機構建立得要晚些。美國的儲蓄機構建立的主要目的是通過吸收居民的儲蓄存款，開展住宅貸款、不動產抵押貸款以及公司債券投資等業務，為廣大居民提供投融資服務。美國的儲蓄機構一般可分為以下三種：

（1）儲貸機構。儲貸機構於1830年建立，其成立的主要目的是通過吸收個人資金，用於滿足家庭住房貸款的需要。為了保障儲貸機構的安全穩健經營，儲貸機構由聯邦住宅貸款銀行董事會進行統一管理，而聯邦儲蓄和貸款保險公司為其提供保險。儲貸機構由合作社和股份公司兩種形式組成。

（2）互助儲蓄銀行。美國互助儲蓄銀行於1816年產生，起初相當於慈善機構，鼓勵窮人儲蓄，吸引慈善、宗教等機構存款，向窮人發放貸款，後來逐漸發展成專門從事抵押貸款的銀行。隨著互助儲蓄銀行的發展，其業務範圍逐漸擴大，除了發放抵押貸款外，互助儲蓄銀行的主要資產業務還包括購買各種債券和發放其他貸款。

（3）信用社。美國的信用社是在20世紀初逐漸發展起來的，它是一種合作性的組織，不以營利為目的。其建立的主要宗旨是為下層會員的資金融通提供全方位服務。美國信用社的發展得益於政府的大力支持和幫助，並在法律的規範下得到快速發展。根據組成成員的不同，美國信用社分為職業信用社、社團信用社和居住區信用社三種類型，美國信用社在促進社區發展和提高會員收入水準方面發揮了重要作用。美國信用社的設置區域非常廣泛，除了廣大的農村地區外，還包括城市裡的社區、企業、軍隊、學校等地區，其會員主要來自於本區域內的中低收入階層。

2. 投資機構

美國的投資機構種類繁多，概括起來主要有以下幾種：

（1）投資銀行。投資銀行最早開始於19世紀的歐洲，而美國投資銀行則產生於20世紀初。20世紀初，隨著美國工業化進程的不斷推進，石油、鋼鐵、電力等一些傳統產業得到了迅速發展，與此同時一些新興產業如汽車、飛機、電影和廣播等也不斷湧現，這就為投資銀行業務的開拓與創新奠定了良好的基礎。投資銀行不僅為這些企業在證券市場融資方面提供全方位的服務，還為石油、鐵路和鋼鐵等企業的併購重組出謀劃策。在美國推行《格拉斯-斯蒂

格勒法》期間，美國投資銀行迎來了一個難得的發展機遇，沒有了商業銀行這個競爭對手，投資銀行的收益出現了大幅度的增長，投資銀行業務創新不斷湧現，新的投資銀行機構大量興起。

（2）證券經紀與交易公司。證券經紀與交易公司包括經紀公司和交易公司兩種。它們分別開展證券的經紀業務和交易業務，交易的對象包括債券、公司股票等各種證券。

（3）貨幣市場合作基金，也稱貨幣市場基金。貨幣市場基金是金融機構為了繞開美國金融管制而創新出來的一種新的金融產品。其主要運作模式是通過發行基金份額將投資者零散的小額資金集中起來，進行專業化運作。

（4）其他類型的投資公司。比如信託投資公司、基金管理公司和創投基金公司、風險投資基金公司等。

3. 保險公司

目前，美國的保險市場非常發達，無論是保險公司數量、業務種類還是業務量都處在世界的前列。美國的保險公司按照經營業務種類可分為人壽保險公司和財產保險公司。按照組織形式劃分，美國的保險公司分為六類，即股份保險公司、互助保險公司、互惠交易組織、勞合社、藍十字藍盾計劃組織和健康維護組織。在世界保險公司排名中，美國和歐洲平分天下。美國人壽保險公司的傑出代表包括：紐約人壽保險、大都會人壽保險、普天壽保險等。而財產保險公司傑出代表包括：State Farm 集團、Allstate 保險集團、CNA 保險集團、美國國際保險集團等。美國保險公司提供保險產品種類繁多，涉及健康醫療、財產、人壽、汽車、責任等關乎人們生產、生活的各個方面，為人們生命、財產、住、行等提供了全方位的保障。

二、美國的金融市場

美國的金融市場十分發達且具有多樣化的特點，美國發達的金融市場為美國的經濟發展做出了巨大的貢獻，是美國經濟發展的助推器。

（一）美國貨幣市場

美國貨幣市場在金融創新中不斷得到發展。美國早期的貨幣市場主要以短期國庫券、短期商業票據和短期國債等傳統金融工具為交易對象。隨著貨幣市場工具的不斷創新，美國又產生了以大額可轉讓存單、回購協議、銀行承兌匯票和聯邦基金等為交易對象的多個子市場。

美國貨幣市場專業化程度較高，各個子市場都專門開展某一類金融資產的業務，為該市場的參與者提供便利的金融服務。如聯邦證券市場專門為政府融

資提供服務，是聯邦儲備銀行開展公開市場業務的場所。美國貨幣市場也是一個充分競爭的市場，證券市場利率水準是由市場的供求關係來決定的。

（二）美國資本市場

美國的資本市場主要包括以下三個層次的市場：

1. 主板市場

美國資本市場中的主板市場主要包括一些全國性證券交易場所，其中的主要代表是紐約證券交易所。主板市場的上市門檻較高，在該市場上上市公司一般是國家級的大型知名企業，這些公司的經營業績優良、公司治理機制健全、生存能力強、發展空間大。對於投資者來說，投資主板市場能獲得較好的穩定的投資收益，適合穩健的投資者。

2. 二板市場

美國資本市場中二板市場的代表是納斯達克市場。納斯達克市場與紐約證券交易所存在明顯差異。一是上市門檻較低，它主要考慮公司未來的發展前景；二是在納斯達克上市的公司一般是規模較小的高科技、高成長性的公司。目前，美國納斯達克市場已經發展成為世界第二大證券交易所，僅次於紐約證交所，但其交易的活躍程度已經超過了紐約交易所。

3. 全國性和區域性市場以及場外交易市場

除了紐約證券交易所外，美國還有很多全國性的證券交易所，但它們比紐約證券交易所的上市門檻要低。不過，在這些全國性證券交易所上市的企業發展到一定階段後可以轉板到紐約證券交易所。另外，在美國的各大商業、金融中心城市都設有區域性的證券交易所，為該區域企業的上市提供便利。美國的場外交易市場主要為美國小型企業的證券交易提供服務，它包括公告板市場和粉單市場。美國場外市場為美國小型企業上市提供了非常便利的渠道，適應了不同類型企業多樣化融資的需要。

第二節　美國金融監管制度的演進與發展

一、美國監管制度的演變

（一）自由放任時期（20世紀30年代以前）

美國的金融監管體制是隨著對美國銀行業管理制度的演變而逐步建立起來的。1863年以前，美國銀行業基本不受管制，處於自由銀行體制時期。自由銀行制度促進了美國銀行業的快速發展，但也導致貨幣發行和流通秩序的混亂

局面。自由銀行制度的實行，使美國銀行業金融機構尤其是中小銀行增長迅速，但銀行倒閉現象時有發生，銀行業危機頻繁發生。為此，美國專門成立了貨幣監理署，來強化對銀行業的管理，從而改變了以州為單位的單線監管的現狀，建立了聯邦政府和州政府雙線監管制度。1913年，依據美國《1913年聯邦儲備法》，美國正式建立了聯邦儲備體系，這就標誌著美國中央銀行制度的建立。美國聯邦儲備體系除了貨幣政策職能外，還承擔了一部分金融監管的職能。隨著美國聯邦儲備體系的建立，美國結束了自由銀行制度，開始進入金融管制時期。

(二) 金融管制時期 (20世紀30年代—70年代)

1929—1933年的經濟大危機不僅對資本主義國家經濟造成巨大傷害，同時也給美國的金融體系以沉重打擊，其中最突出的表現是大量銀行倒閉。銀行的紛紛倒閉使得社會公眾對銀行失去了信心。為了重樹市場信心，美國建立了一系列的法律法規來加強對金融業的管理。其中，1933年《格拉斯－斯蒂格勒法》的出抬開啓了美國分業經營的新模式，也是美國金融監管體系發展史上具有劃時代意義的一部大法。這部法律將商業銀行業務與投資銀行業務進行了分離，有效地控制了風險蔓延。這一時期，美國頒布的相關金融監管法律還有《1933年銀行法》和《1935年銀行法》《1933年證券法》《1934年證券交易法》《1934年國民住房法》《1938年曼羅尼法》。這些法律的出抬，確立了當時美國金融監管的基本框架，即以美聯儲為核心，對銀行、證券、保險實施全面的監管。

(三) 放鬆監管時期 (20世紀70年代後期—21世紀初)

20世紀70年代，西方國家陷入經濟滯脹，經濟的滯脹給美國發展造成了一定的衝擊，而嚴格的金融管制被認為是造成金融效率低下、經濟滯脹的重要原因。此時，美國奉行的經濟自由主義和推行的金融自由化政策，為金融監管的放鬆開了綠燈。放鬆對金融機構的監管，減少對金融機構在利率、業務經營範圍等方面的管制呼聲日益高漲，金融自由化趨勢日益明顯。注重監管效率，放鬆金融監管的聲音日益占主導地位。

(四) 金融監管全面改革時期 (2007年金融危機後)

2007年金融危機爆發後，美國在分析金融危機發生的原因時認為，金融監管尤其對金融衍生品監管的缺失是這次金融危機發生的重要原因之一。因此，金融危機過後美國提出了金融監管改革的設想，並經過美國兩院廣泛討論，充分醞釀，最終在2010年7月出抬了《美國金融監管改革法案》。該法案賦予了美聯儲更大的監管權力，擴大了美聯儲的監管範圍，強化了金融監管機

構之間的協調，加強了金融衍生品市場的監管，更大程度上保護了消費者的權益。

二、2007年金融危機前美國金融監管框架

總的來說，金融危機前，美國形成了以美聯儲為核心的多種金融監管機構共同監管的、層次鮮明的金融監管體系（見圖3-2）。

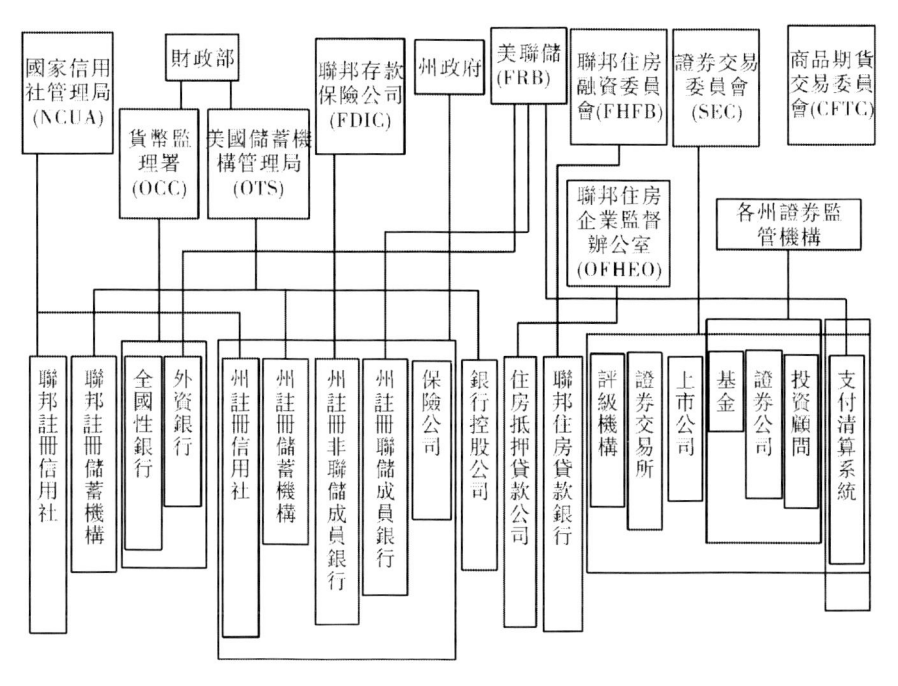

圖3-2 危機前美國金融監管框架

（一）銀行業監管

美國銀行監管體制的形成過程與其經濟發展階段和政治體制相適應。美國長期實行單一銀行體制，加上受自由主義思潮的影響，美國銀行業發展迅速，但也出現過多次銀行業危機。美國目前的銀行監管體制就是在政府與市場、金融創新與金融監管的不斷博弈中建立和完善起來的。

1. 雙線銀行監管

美國銀行業採取雙重銀行體制，即包括按照聯邦法律建立的國民銀行和按照州法律成立的州銀行。與此相適應，美國對銀行的監管也由聯邦政府和州政府雙線監管。聯邦政府一級監管機構有貨幣監理署、儲貸監理署、國家信用社管理局、美聯儲和聯邦存款保險公司，在各州政府也有專門的銀行監管機構，

它們共同對銀行業進行監管。

（1）貨幣監理署（OCC）。美國貨幣監理署是美國財政部的下設機構，成立於1863年。貨幣監理署的主要職責是對國民銀行、外資銀行及其分支機構的設立、資本變更進行審批，有權對銀行業務開展現場監管，有權制定有關銀行經營的法律法規，並對違法違規行為進行處罰。貨幣監理署一個非常重要的特徵是對銀行採取分類監管，並通過現場檢查和非現場檢查強化對銀行日常經營的監管。美國貨幣監理署組織框架如圖3-3所示。

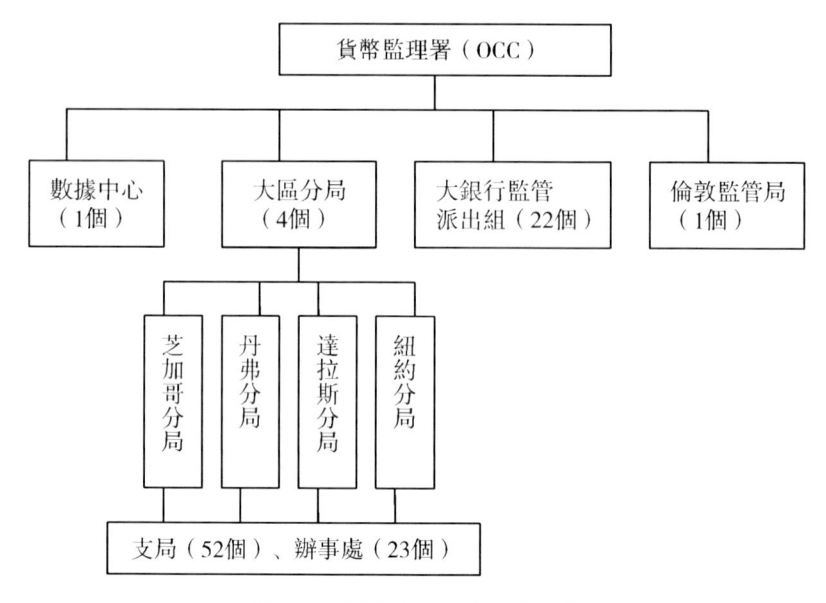

```
                        貨幣監理署（OCC）
                               │
        ┌──────────┬──────────┼──────────┬──────────┐
     數據中心    大區分局    大銀行監管   倫敦監管局
      （1個）    （4個）    派出組（22個） （1個）
                    │
        ┌──────┬──────┼──────┬──────┐
      芝加哥   丹佛   達拉斯   紐約
      分局    分局    分局    分局
                    │
              支局（52個）、辦事處（23個）
```

圖3-3　貨幣監理署的組織架構

（2）儲貸監理署（OTS）。儲貸監理署的監管對象包括儲蓄銀行和儲貸協會等聯邦或州一級的儲蓄機構。另外，儲貸監理署還負責處理消費者的投訴，並要求被投訴機構反饋處理結果，以保護消費者的合法權益。

（3）國家信用社管理局（NCUA）。國家信用社管理局是聯邦級的信用社監管機構，其下設6個管理分局。其主要職責是對聯邦註冊的信用社和分局轄區內所有的信用社進行監管。另外美國信用社存款保險基金也由美國國家信用社管理局來管理和運作。

（4）美國聯邦儲備體系。美國聯邦儲備體系作為美國的中央銀行，一方面負責制定和實施貨幣政策，對宏觀經濟進行調控，另一方面負責對整個金融業進行監督管理。國民銀行和自願加入美國聯邦儲備體系的州銀行作為美國聯邦儲備體系的會員銀行，自然而然需要接受美國聯邦儲備體系的監管。美聯儲

除了對所有成員銀行進行監管外，還有權對銀行控股公司和金融控股公司進行監管。

（5）聯邦存款保險公司。美國聯邦存款保險公司建立，標志著美國存款保險制度的建立。美國聯邦存款保險公司能夠充分發揮作用，取決於美國完備的金融監管法規、有效的銀行監管和公眾的存款保險意識。由於存款保險制度會引發道德風險，因此國會授權美國聯邦保險公司有權對所有金融機構進行特別檢查，以評估保險公司面臨的風險。

聯邦存款保險公司的主要宗旨是對顧客保存在參保銀行的存款提供保障，並確保銀行經營的穩健。對於參加聯邦儲備系統的會員銀行採取強制保險，而互助儲蓄銀行和州註冊的非會員銀行不強求。FDIC 在開展存款保險業務的同時，還開展金融檢查和金融預警的工作。另外，FDIC 對投保銀行負有一定的監管職責，通過現場檢查或非現場檢查等方式對投保銀行進行監督管理，以便及時發現投保銀行經營中的違法違規問題。對於違反相關法律法規的投保銀行，FDIC 有權進行處置。另外，FDIC 還對州政府的銀行監管部門提供業務指導和定期的人員培訓。

綜上所述，美聯儲、貨幣監理署和聯邦存款保險公司作為三家聯邦級的銀行監管機構，在絕大多數方面的監管權限大體相同，但在有些方面還是存在很大的不同。比如，對銀行內部控制制度和銀行高級管理者勝任能力的考察，貨幣監理署具有一票否決權，而美聯儲則無權干涉。對銀行資本充足率監管標準的問題，聯邦存款保險公司主要監管資本槓桿率，而美聯儲和貨幣監理署的監管標準遵照《巴塞爾資本協議》的規定。對於現場檢查來說，美聯儲的現場檢查權只局限在銀行可能發生系統性風險的情況才能展開，而另外兩家監管機構基於審慎的原則就可以不受限制地開展現場檢查。

（6）州政府層面的銀行監管機構。由於美國實行雙軌銀行制，因而銀行監管機構也是雙線監管。即在聯邦級和州一級都設有銀行監管機構，州級銀行監管機構主要專門負責對本州註冊的聯儲會員銀行和非聯儲會員銀行進行監管。美國聯邦政府和州政府之間監管權署採取審批和監管相統一的方式來劃分，避免了兩者監管的衝突。

2. 多重銀行監管

美國多重銀行監管體現在對銀行的監管由多個金融監管機構來承擔。這種監管方式對於銀行而言，有利也有弊，有利的地方在於從多個方面監管了銀行業的經營行為，有效防範銀行業風險，不利的地方在於容易出現監管重疊，浪費監管資源。

(二) 證券業監管

美國對證券業的監管主要包括政府監管和自律性組織監管兩個層次。

1. 政府監管

政府層面的監管主要由美國證券交易委員會和商品期貨交易委員會來承擔。這兩個監管機構的監管職責分工比較明確，前者主要負責對證券機構和全國性證券市場進行監管，後者主要承擔對商品期貨交易機構和產品的監管。

美國證券交易委員會（SEC）成立於1934年，是屬於聯邦政府層面的證券業監管機構。它主要負責對證券的發行與交易、證券交易所、證券公司以及一些證券業服務機構進行監管。通過建立信息披露制度，創造一個公平、公正、透明的證券交易市場。通過嚴厲打擊市場詐欺行為、內幕交易等違規行為，並對違法違規行為進行處罰，來保護消費者的權益。另外，美國各州也建立了州證券監管機構，負責對州證券機構的監管和消費者利益的保護。

商品期貨交易委員會（CFTC）負責監管商品期貨合約市場以及為商品期貨市場提供服務的各類仲介機構。

2. 自律性組織監管

美國證券業自律性組織承擔一定的監管職能。美國證券業自律組織主要有三大類：一是證券交易所，比如紐約證券交易所、納斯達克交易所等；二是證券行業協會，如全美證券交易商協會、全美期貨業協會等；三是其他組織，如註冊會計師協會等。自律組織的監管受證券法律框架的約束，並要受SEC的監督管理。

(三) 保險業監管

1. 美國保險業監管的基本框架

跟銀行業類似，美國建立了以各州政府監管為主，而聯邦政府監管為輔的雙重保險監管體系，其具體職能分工見圖3-4。較早成立的保險監理官協會（簡稱NAIC）是聯邦政府層面的監管部門，主要負責協助各州監管機構開展工作，並為各州監管法規的制定提供建議，同時協調各州監管機構對跨州經營的保險業務監管以及對保險公司財務狀況進行監管。1945年，隨著《麥卡倫-弗格森法案》的頒布和實施，美國正式確立了以各州為主導的全國性保險監管制度，法案賦予了各州立法機構制定保險政策法規和監督管理工作的權力與責任，各州政府成為本州註冊保險公司的監管主體。

2. 美國保險業監管的主要手段

美國保險業監管制度非常嚴格，因而美國保險公司的業務經營都非常規範，保險公司服務水準非常好，社會信譽度非常高，在國際上具有很強的競爭

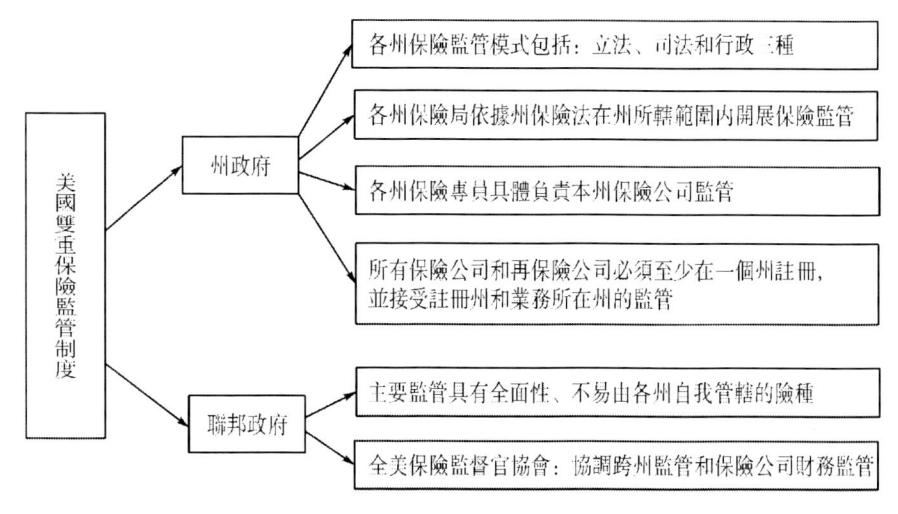

```
                    ┌──────────────────────────────────────────────┐
                    │ 各州保險監管模式包括：立法、司法和行政三種      │
                    ├──────────────────────────────────────────────┤
          ┌─ 州政府 ─┤ 各州保險局依據州保險法在州所轄範圍內開展保險監管 │
          │         ├──────────────────────────────────────────────┤
美國雙重保險│         │ 各州保險專員具體負責本州保險公司監管           │
監管制度 ─┤         ├──────────────────────────────────────────────┤
          │         │ 所有保險公司和再保險公司必須至少在一個州註冊， │
          │         │ 並接受註冊州和業務所在州的監管                 │
          │         └──────────────────────────────────────────────┘
          │         ┌──────────────────────────────────────────────┐
          │         │ 主要監管具有全面性、不易由各州自我管轄的險種   │
          └─ 聯邦政府┤                                              │
                    │ 全美保險監督官協會：協調跨州監管和保險公司財務監管│
                    └──────────────────────────────────────────────┘
```

圖 3-4　美國保險業監管制度框架

力。其監管手段主要有以下幾種：

（1）嚴格的保證金和法定責任準備金提留制度。各州保險監管部門通過立法，制定嚴格的保證金制度，保證金按照保險公司設立時的資本金或基金（相互保險公司為基金）的一定比例繳納，並不得隨意動用。同樣，各州通過立法，建立法定責任準備金提留制度，要求保險公司在開展業務過程中，按照法律規定提留各種準備金，包括：總準備金、未到期責任準備金和未決賠款準備金等。

（2）開展審計和清償能力測試。保險公司的償付能力評價是保險公司監管的重要內容，也是保險公司穩健經營的重要參考指標。因此，強化對保險公司償付能力的監管是各國保險監管的重要內容。美國保險監管部門一方面通過建立早起預警系統，對保險公司的償付能力進行測試，以便及時發現保險公司存在的償付能力不足的風險；另一方面要求保險公司按照固定格式，按時上報年度報告，並每三年對這些報告開展一次審計，以評估保險公司的資本和盈餘的充足性。

（3）保險價格和投資範圍的適當控制。為了防止保險公司打價格戰，美國保險監管部門對保險公司的保險費率做出適當限制。保險公司投資範圍過大，容易引發投資損失而導致保險公司破產，損害被保險人的利益。因此，一般規定保險公司主要投資於風險較低的政府債券、高質量的公司債券，適當控制高風險資產的投資比例。

第三節　美國金融監管體制改革實踐

一、2007 年金融危機前美國金融監管體系存在的問題

如前所述，2007 年金融危機前美國的金融監管體制是在 20 世紀 30 年代經濟大危機後逐漸形成的，是典型的分業監管體制。經過幾十年的發展演化，美國逐漸建立了較為複雜的雙線多頭的金融監管體制。然而，隨著金融國際化的發展和金融機構業務經營模式的變化，隨著金融工具創新和各種交叉銷售產品的不斷湧現，美國現有監管體制的弊端日益突出。具體體現在以下幾個方面：

（一）多重金融監管，導致監管重疊與監管空白同時存在

美國雙線多頭監管模式，意味著某一類金融機構可能存在多家監管機構對其進行監管的現象，這就必然存在監管重疊，從而浪費了監管資源，不利於監管效率的提高。例如在美國銀行業監管架構中，直接或間接監管對存款性金融機構（包括銀行、儲貸機構和信用社三類）進行監管的機構就有 6 家。此外，監管機構過多也會導致監管真空，如美國對投資銀行的監管幾乎缺失，這也成為美國次債危機爆發的重要原因之一。

（二）多頭監管導致監管標準不統一，容易產生監管套利

馬宇（2017）認為：「在多頭監管模式中，不同的監管機構所制定的監管標準也不一樣，所倡導的監管理念也會存在一定的差異。」這就加大了一些金融機構進行監管套利的可能性，致使一些金融機構有目的地選擇對自己十分有利的監管機構或者向監管相對寬鬆的金融機構轉型。例如，美國一直以來監管的重心都放在對商業銀行的監管上，對商業銀行監管的標準非常嚴格，而對非銀行性金融機構監管較為放鬆，這就促使大量的金融仲介機構轉變為非銀行性金融仲介機構，大量的非銀行金融機構脫離了金融監管的視線，無形中增大了金融體系的內在風險。

（三）分業監管體制與金融機構混業經營模式的不協調

《金融服務現代化法》的產生徹底打破了銀行、證券和保險之間的業務界限。這就意味著《格拉斯-斯蒂格勒法》出抬以來美國所倡導的分業經營模式的終結，同時也意味著美國混業經營模式的產生。與此相適應，美國的金融監管模式也逐步從機構監管轉化為功能監管，但是美國的功能性監管並沒有完全脫離分業監管的模式，只是局限在金融控股公司上。金融機構為了提升自身的競爭力，積極實施多元化發展戰略，業務經營範圍逐漸增加，業務品種不斷創

新，而產生於分業經營模式下的分業監管體制顯然不能適應金融機構業務的這些新變化。這種監管體制的弊端在2007年美國次債危機中集中爆發了出來。

(四)「大而不倒」政策引發道德風險

在一國金融體系中，大型金融機構對整個金融系統具有重要影響，大型金融機構一旦出現問題，就會引起一國政府的高度重視，並不遺餘力進行救助。因此，政府相當於給大型金融機構提供了隱性擔保。在美國的監管實踐中，隨著美國金融機構規模的日益增大，大型金融機構的影響力也在增強，金融機構的經營環境也越發複雜，因而美國實施「大而不倒」政策的傾向更加明顯，由此引發的道德風險也日益嚴重。『大而不倒』問題一直是美國金融監管面臨的一大困境。馬宇（2017）指出：「美國次債危機的爆發印證了美國監管中「大而不倒」問題的嚴重性。」在次債危機發生過程中，美國政府對大型金融機構頻頻施以援手，從美聯儲救助貝爾斯登開始，到美國政府對房利美和房地美實施接管，再到向美國國際集團註資，以及對花旗集團問題債務的購買、擔保計劃，注入的資金規模、援助的力度不斷提升，這些事實足以說明，「大而不倒」政策造成的道德風險問題是何等嚴重。

二、2007年金融危機後美國金融監管改革

(一) 2007年金融危機後美國金融監管改革進程

準確地說，美國新一輪的金融監管改革其實在2007年的6月就已經開始了，只是隨後發生的金融危機助推了這次金融監管改革的進程。但改革的內容在危機發生、救助和反思的過程中呈現出不同的價值取向，並在各利益集團的博弈中尋求平衡。

1. 美國金融監管改革初期設想——《現代金融監管構架改革藍圖》

2008年年初，美國決定要對美國的金融監管體制進行重建，並提出了《現代金融監管構架改革藍圖》（簡稱「藍圖」）。該「藍圖」確立了美國未來金融監管體制改革的三階段性目標。

從短期來說，主要解決住房抵押貸款市場監管缺失問題與金融監管機構之間的協調問題。一方面通過成立抵押貸款委員會和提高美聯儲的監管權力來加強對住房抵押貸款市場的監管；另一方面充分發揮總統金融市場工作組的協調作用。

從中期來看，主要解決美國監管制度中存在的監管重疊問題，以提高金融監管的效率。為了實現中期目標，美國提出合併貨幣監理署和儲貸會監理署，主張建立聯邦保險監管機構和州註冊銀行監管機構，以強化對金融機構的

監管。

從長期來看，美國提出要建立目標型的金融監管體制，即根據金融監管目標的不同來設立相應的監管機構，主張分別建立市場穩定監管局、審慎金融監管局和商業銀行行為監管局，以實現金融穩定、機構穩健和保護消費者的金融監管目標。在這個監管框架下，除了以上三個監管者以外，再分別建立聯邦保險保證公司和公司財務監管當局。

2. 金融監管改革的深入——《金融監管改革框架》

隨著金融危機影響的深入，美國政府也在金融監管範圍和消費者保護等方面不斷反思現有金融監管體制的不足。2009年3月底，美國發布了《金融監管改革框架》，第一次提出了系統性風險防範的問題，並強調要加強對大型金融機構和金融衍生品市場的監管，制定了嚴格的金融監管具體舉措，如特別提出要加強對沖基金的監管，對於所有超過一定規模的對沖基金進行註冊等。

3. 金融監管改革最終落地——《金融監管改革法案》

2007年以來美國金融危機的發生，充分揭示了美國金融監管體制存在的諸多缺陷，美國國內要求改革金融監管體系的呼聲日益高漲。2009年6月17日，美國政府提出了《金融監管改革——新基礎：重建金融監管》的方案，並形成立法草案交由國會參眾兩院審議。法案在對金融危機發生原因進行詳細分析柔的基礎上，主要從金融機構穩健性、金融監管全面性、強化消費者保護、提高危機應對能力和加強國際合作等方面提出了全面改革美國金融監管體系的具體措施。

美國眾、參兩院分別就政府提交的草案提出了許多不同的意見和建議，形成了兩個不同版本，並在各自召開的會議上表決通過。兩個版本相比而言，參議院版比眾議院版的法案在監管措施方面更為嚴厲，特別是對金融機構從事高風險業務進行嚴格監管，並限制金融機構規模的過度擴張。

經過幾輪激烈的討論，美國國會眾參兩院在相互妥協的基礎上形成了《金融監管改革法案》的兩院統一版本，並再次進行了表決，最終獲得通過。與此前兩院的各自版本相比，統一版本監管風格趨於溫和，並刪去了一些過於苛刻的監管條款。2010年7月21日，《金融監管改革法案》由美國總統奧巴馬簽署正式生效。

美國頒布並實施的《金融監管改革法案》是對20世紀30年代以來美國金融體系的一次大規模修正，也是金融危機後美國對金融系統的一次全方位改革。它對未來美國以及世界金融發展和金融監管體制的變革產生了深刻影響。從該法案的產生過程可以看出，最終法案的通過是美國各個利益集團相互妥

協、相互博弈的結果。

(二) 美國《金融監管改革法案》的主要內容

美國最終通過的《金融監管改革法案》主要從防範系統性金融風險、美聯儲監管權力的平衡、消費者保護和彌補金融衍生品監管漏洞等方面進行了全方位的改革（詳見表 3-1）。

表 3-1　　　　　　　　美國《金融監管改革法案》核心內容

核心要點		核心內容
強化系統性風險防範和化解	建立金融穩定監督委員會	金融穩定監督委員會由主席 1 人和成員 15 人組成，其中 10 人具有投票權，其餘 5 人沒有投票權。主要職責是預防和化解金融體系中存在的系統性風險。
	加強系統重要性機構監管	建立涵蓋所有系統重要性銀行和非銀行性金融機構在內的系統性風險監管框架；建立系統重要性金融機構破產清算機制，並由聯邦存款保險公司承擔系統重要性金融機構的破產清算工作。
	美聯儲監管權力平衡	一方面擴大美聯儲的監管權力，如資產規模大於 500 億美元的銀行控股公司都必須接受美聯儲的監管；另一方面，適當約束美聯儲的監管，授權財政部、審計署對美聯儲應急借款權進行適當監督，比如禁止美聯儲向私人公司和破產公司進行緊急貸款，美聯儲的一切貸款計劃需要得到美國財政部長的批准才能執行。
擴大金融監管範圍	場外衍生品市場的監管	場外衍生品交易嚴格實行統一清算制度和保證金制度；加強場外衍生品交易主體及其開展的自營業務的監管。
	信用評級機構監管	在美國證監會內部建立專門的信用評級機構監管部門，並由專門的稽查部門採取定期年檢、投資者舉報制度等方式進行監管。
	對沖基金和私募基金監管	一方面，掌管資產規模大於 1 億美元的基金管理公司需要在美國證監會進行註冊登記，而一些規模大又風險又高的基金管理公司還要接受美聯儲的監管，並執行更加嚴厲的監管標準；另一方面，規定基金管理機構必須向監管機構報告其交易和投資組合的有關信息，便於監管機構對基金管理公司面臨的系統性風險進行準確的評估。
金融消費者保護機制	消費者金融保護局	對提供信用卡、抵押貸款和其他貸款等消費者金融產品及服務的金融機構實施監管。
加強高管監管	高管薪酬監管	加強高管薪酬的監督管理，賦予廣大股東對高管人員薪酬的知情權和表決權，在董事會下設立完全由獨立人士組成的薪酬委員會，負責高管薪酬的監督管理。

(三) 美國金融監管體制新框架

美國建立了以金融穩定委員會為核心，美聯儲、證券交易委員會和商品期

貨委員會、聯邦保險辦公室為主體，其他各種監管機構為補充的相對集中的監管框架。新框架突出了對系統重要性金融機構的監管和系統性金融風險的防範以及消費者權益的保護，提升了美聯儲金融監管的權限和風險處置權，賦予其更多、更大的監管權（見圖3-5）。

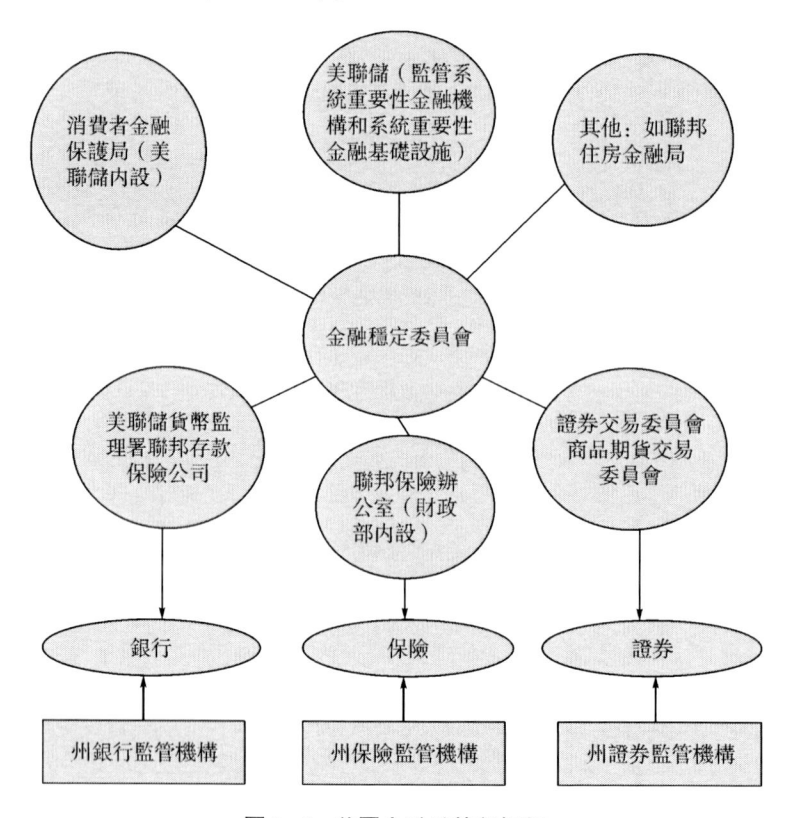

圖 3-5 美國金融監管新框架

（四）美國《金融監管改革法案》的啟示

美國《金融監管改革法案》經總統簽署最終完成立法，這標志著美國金融監管改革最終完成，也意味著華爾街進入新的金融時代。從美國《金融監管改革法案》的內容來看，其涵蓋金融機構監管、金融市場監管、消費者保護和危機銀行處置等各個方面，可以說是對美國金融監管的全方位的改革。其對於世界其他國家金融監管改革也具有一定的啟示。

1. 金融監管權力集中化趨勢

將金融監管權力逐步向中央銀行集中，如美國將金融控股公司、系統重要性金融機構、非銀行性金融機構和高管薪酬的監管權力都交給了美聯儲。提高

對金融機構特別是系統重要性金融機構的監管要求，強化對系統性風險的防範。

2. 強化對於消費者的保護

美國《金融監管改革法案》對金融消費者保護方面提供了強有力的保障。一是設立專門機構——消費者金融保護局，負責消費者權益的保護；二是賦予消費者金融保護局獨立制定消費者保護法規和金融產品提供商的行業標準的權力，以此為依據，強化對金融產品及服務的監管，以保護投資者和金融消費者權益不受金融系統中不公正、市場詐欺等行為的損害。

3. 擴大金融監管的範圍

長期以來，美國的投資銀行、評級機構、對沖基金和金融衍生品市場等遊離於金融監管之外，使得這些金融機構和金融市場成為風險的集中爆發源。為了彌補上述監管空白，《金融監管改革法案》對上述幾個方面的監管做出了具體的安排，彌補了美國原有監管體制的漏洞。未來金融監管將逐步強化全面性的監管，這也是創新和監管不斷博弈最終走向完善的過程。

第四章　英國的金融監管體制

第一節　英國的金融體系

一、英國金融體系的發展狀況

英國的金融業發展歷史較為久遠，其最初主要是依據一些傳統慣例而非金融法規逐漸發展起來的。20世紀80年代以前，英國的金融體系（主要指金融仲介機構）結構比較簡單，金融機構採取專業化經營。20世界80年代以後，英國對金融業進行了較為徹底的改革，金融體系結構日益複雜，各類金融機構、金融市場得到快速發展。具體表現在以下幾個方面：

（一）利率市場化改革

20世紀70年代初，在英格蘭銀行的主導下，英國開始實施利率市場化改革。首先取消銀行間利率協定，各家銀行有權決定利率水準。隨後，英國又相繼取消了外匯管制和貸款利率的限制，利率完全實現了市場化。

（二）金融服務自由化改革

1986年10月，英國對金融業進行了一次規模宏大的改革，這次改革的中心內容就是推動金融服務業自由化。這些改革包括：一是取消證券交易中的各種限制，如證券交易服務商業務交叉、交易所會員資格要求、證券交易最低佣金等方面的限制；二是允許所有金融機構參加證券交易活動，允許商業銀行將業務拓展到證券、保險和信託等業務領域。隨著金融服務自由化改革的不斷推進，金融體系結構發生了根本性的變化，金融機構慢慢向綜合化經營轉變，這大大提升了金融機構的競爭能力。

（三）股票市場的大變革

1986年，英國對股票交易制度進行了一系列的改革。一是將交易所成員範圍擴展到包括外國的銀行、保險公司、證券公司在內的金融機構。二是允許

交易所成員兼任證券交易商和證券經紀商。三是對佣金制度進行改革，實行自由議定佣金制度。

二、英國的金融體系構成

英國的金融體系特點比較鮮明，其國內金融體系規模較大且國際化程度較高，借助於倫敦國際中心的地位，英國的金融機構在國內即可從事幾乎所有的離岸國際業務，金融市場的離岸業務量一直保持較高水準。英國的金融市場發達程度較高，尤其是貨幣市場和債券市場，日均交易量都非常大。

（一）英國的金融機構體系

英國的金融機構體系包括貨幣部門和非貨幣部門兩大類。貨幣部門主要是指以吸收居民儲蓄存款為主要來源的銀行，如零售性銀行、商人銀行、貼現行和外國銀行等；非貨幣部門是指其資金來源是非存款性質的，如住房協會、金融行、國民儲蓄銀行、保險公司、養老金基金、投資信託、單位信託等。

1. 英國的貨幣部門

（1）英格蘭銀行

英格蘭銀行最早建立於 1694 年。其開始是由商人創建的，主要目的是為英格蘭政府提供貸款，以支持其在歐洲的軍事行動。英格蘭銀行剛剛建立的時候，只是普通的商業銀行，從事傳統的銀行業務。

英格蘭銀行成為真正的中央銀行經歷了獲得壟斷貨幣發行權、國有化、取得利率政策制定權和貨幣政策制定權等幾個階段的演變歷程。英格蘭銀行成為英國的中央銀行以來，主要通過政策與市場、金融結構與監督、金融業務與金融服務等職能機構來制定和實施貨幣政策，實施宏觀調控和金融業監管，以維持經濟和金融業的穩定。

（2）零售性銀行

英國零售性銀行在英國銀行體系中佔有非常重要地位。其主要通過吸收活期存款、發放小額貸款和提供資金轉帳服務等業務的開展來實現經營目標。在零售性銀行中佔有主導地位的是清算銀行，清算銀行是開展零售銀行業務和保證貨幣正常流通的重要金融機構。

（3）貼現行

貼現行是英國銀行業的獨創，在英國的銀行業中處於較為特殊的地位。它是由英國的票據經紀人發展而來的，主要經營英國國庫券商業票據以及政府債券等的發行及承銷業務，貼現行也是英格蘭銀行實施貨幣政策的重要渠道。

(4) 商人銀行

商人銀行相當於美國的投資銀行，其主要以投資性質的業務為主，如證券的發行與承銷、股票期貨交易、期權交易等業務，因而風險較高，相應收益也較高。除此之外，商人銀行還為中央銀行和清算銀行之間相互拆借資金充當仲介，也為一些大型工程或者項目的融資提供服務。

(5) 英國的「四大家」商業銀行

①匯豐銀行。英國匯豐銀行是英國一家跨國銀行機構，其資產規模在全球銀行中是數一數二的。它的經營業務範圍比較廣泛，主要為個人、企業提供投融資服務，也涉及投資銀行業務和資本市場業務。匯豐銀行的附屬機構遍布歐洲、亞太地區、美洲、中東及非洲等國家和地區。匯豐集團上市地域分佈在英國、法國、美國、中國香港以及百慕大等國家或地區，而股東更是遍及100多個國家和地區。

②勞埃德銀行。勞埃德銀行是英國四大銀行之一，成立於1765年，是英國歷史最為久遠的銀行之一，曾是英國銀行業中最早開展國際業務的銀行之一，特別是在20世紀70年代，勞埃德銀行在全球開展了大規模的擴張行動。

③蘇格蘭皇家銀行。總部位於英國愛丁堡的蘇格蘭皇家銀行成立於1727年，其規模排在英國銀行業的前列，即使在歐洲，也處於絕對的領先地位。其業務範圍比較廣泛，幾乎遍及整個英國，在世界許多國家和地區也有涉及。該銀行開展的個人業務、公司業務和海外銀行業務在英國所有銀行中是首屈一指的，在零售銀行業及私人汽車保險業中也是名列前茅的。蘇格蘭皇家銀行在英國和愛爾蘭設置了許多分支機構。2000年2月，蘇格蘭皇家銀行完成了一次收購壯舉，即收購了於自己3倍規模的國民西敏寺銀行，為蘇格蘭皇家銀行成為世界著名商業銀行奠定了基礎。

④巴克萊銀行。總部位於倫敦的巴克萊銀行（Barclays Bank）於1690年成立，是英國成立較早的銀行之一，且其規模在全球銀行業中一直排在前列。巴克萊銀行在其發展史上創造了許多世界第一，如全世界首家ATM機就產生於這家銀行，也是全英首張信用卡、全英首張借記卡的發行銀行。巴克萊銀行業務涉及零售業務、商業銀行業務、投資銀行業務等。

2. 英國的非貨幣部門

(1) 金融行

金融行相當於消費信貸公司，其主要是通過吸收公司存款或向銀行借款來籌集資金，然後向耐用消費品的購買者提供貸款。

（2）保險公司

英國的保險業發展迅速，且保險市場比較發達。英國保險市場無論是在歐洲還是在世界保險市場的發展中一直處於領先地位。在 2008 年金融危機前，無論是保險密度還是保險深度，英國保險業都處於上升趨勢，顯示英國保險業良好的發展勢頭。但受 2008 年金融危機的影響，英國的保險業發展勢頭被遏制，保險密度和保險深度都呈下降趨勢。

①英國的保險公司類型。英國的保險公司按照組織形式分為公司型、勞合社和保賠協會三種類型。其中公司型保險公司包括保險公司、再保險公司以及經紀人公司等。

②英國保險公司的主要業務。英國保險公司業務主要包括壽險和非壽險兩大類。其中壽險業務主要為人們的生命、身體健康、養老等提供保障，如人壽保險、養老金、長期健康保險等；非壽險業務主要是為人們的財產安全提供保障，如海運、航空、車險、地產、意外事故及健康、債務風險等。

（3）住房抵押貸款互助協會

住房抵押貸款互助協會成立之初主要發放抵押貸款幫助購房人購買住房。在 1980 年以前，英國的住房抵押貸款幾乎被住房抵押貸款互助協會所壟斷。隨著 1980 年英國取消了貸款限制，大量的銀行進入住房抵押貸款市場，使得住房抵押貸款協會在抵押貸款市場的份額急遽下降。到 20 世紀 90 年代，一些專業性的住房抵押貸款互助協會向銀行轉變，而一些銀行接管住房抵押貸款互助協會。銀行與住房抵押互助協會之間的競爭進入白熱化。

（4）養老金基金

英國的養老金體系非常完善，為居民養老服務提供了有力保障。英國的養老金制度在各政黨、利益集團不斷博弈下，經歷了多次改革，形成了國家養老金計劃、職業養老金計劃和個人養老金計劃構成的三支柱體系。英國養老金基金的資金來源有國家提供的、企業繳納的和個人繳納的。英國養老金通過投資於金融市場來實現其保值、增值的目標，如可以購買國內外股票和債券、開展抵押和貸款業務、投資不動產以及其他資產業務。

（二）金融市場

英國的金融市場一直在世界經濟金融的發展中起著重要作用。作為重要的國際金融中心，倫敦擁有全球最大的外匯市場、有色金屬和貴金屬市場。

英國證券市場的發展歷史比較久遠，倫敦證券交易所最早成立於 1773 年，是由主營咖啡業務的喬納森咖啡店演變而來的。1987 年，倫敦證券交易經過改革，正式成立了英國國際證交所，並一躍成為歐洲最大且國際化程度最高的證

交易所。英國國際證券交易所包括英國股票市場、國際股票市場、期權市場等。

(一) 英國股票市場

英國股票市場是一個具有多層次結構的市場，主要由倫敦證券交易所主板市場、二板市場、高科技板市場和未上市股票市場等組成。主板市場的特點：一是全國性的場內集中交易的市場，上市的門檻比較高；二是上市公司的發行規模較大，主要為大型企業融資提供服務。與之形成鮮明對比的是二板市場，主要為初創和高成長性的中小企業提供融資，且上市條件比主板市場要低。與前兩者不同的是高科技板市場，它並沒有單獨組建市場，而是通過編製高科技板市場指數來反應倫敦證券交易所高科技企業的經營狀況和市場表現。未上市股票市場主要是指達不到上市條件的中小企業進行融資的場所。

(二) 債券市場

英國的債券市場起步和股票市場差不多。17世紀末，英國政府為了與歐洲國家爭奪國際貿易市場發行了大量的政府債券，從而推動了英國債券市場的產生和發展。英國的債券主要由英國政府和地方政府來發行，發行種類包括公債、國庫券、公司債和地方債等。英國債券市場以批發市場為主，投資者中機構投資者居多，債券的發行一般在證券交易所進行，但交易多在場外市場完成。在國際債券市場方面，英國所占的份額一直占據領先地位，到2013年一躍成為世界第一大國際債券發行主體。

倫敦是全球重要的黃金場外交易中心、外匯交易中心以及跨境銀行業務交易中心等。這些都充分體現了英國在國際金融體系中具有舉足輕重的地位。

第二節　英國金融監管體制的演變與發展

在世界金融的發展歷程中，英國作為國際金融中心有著上百年的歷史。隨著英國經濟金融的發展，英國的金融監管體制經歷了由以行業自律為主到以嚴格監管為主的發展歷程。

一、英國金融監管體制的演變

概括起來，英國金融監管體制的發展演變體現在以下幾個方面：

(一) 金融監管較為寬鬆，主要以行業自律為主

在傳統民主、自由思想的影響下，英國社會無論在經濟上、法律制度上，還是民族性格上，都表現出一種崇尚自由、強調自律自制的情懷。因此，在

20世紀70年代以前，英國的金融監管採用一種非規範、非制度化的模式。對銀行業、證券業並沒有專門設立金融監管機構，而是以行業自律為主。雖然英國較早建立了中央銀行制度，並確立了英格蘭銀行的中央銀行地位，但英格蘭銀行的監管權限僅局限於銀行業，而且監管相對寬鬆，證券業的監管仍然以自律為主。但隨著金融機構數量的日益增加，金融交易種類和規模的逐漸增多，自律型金融監管體制的缺陷也日益明顯。

（二）分業監管階段

1973—1975年，英國中小銀行流動性危機日益顯現，並很快波及整個銀行業，此次危機使得英國財政部和英格蘭銀行認識到加強金融監管的重要性。從此，英國開始了金融監管法律法規的制度建設，逐步建立起規範化、法制化的監管體系。1979年英國制定了《1979年銀行法》，該銀行法將監管的重點放在銀行的審批上，並根據不同金融機構的業務和信譽的不同分別採取認可制和特許制，即「雙軌制」，前者其實還是自律監管。1986年，英國頒布了《1986年金融服務法》，該法成為對英國期貨和期權市場進行監管的法律依據，同時也確立了證券投資局監管金融市場和金融服務的權威和監管的基本法律框架。英國保險業的監管由貿易工業部來負責。1987年，英國又出拾了《1987年銀行法》，進一步加強了對於銀行業的監管，並將銀行審批制改為單一授權制度。同時，該法也成為英格蘭銀行開展監管的法律依據，推動英國的金融監管走上了規範化、法制化的軌道。至此，英國形成了由英格蘭銀行、證券投資局、貿易工業部分別對銀行、證券和保險業進行監管的分業監管體制（見圖4-1）。

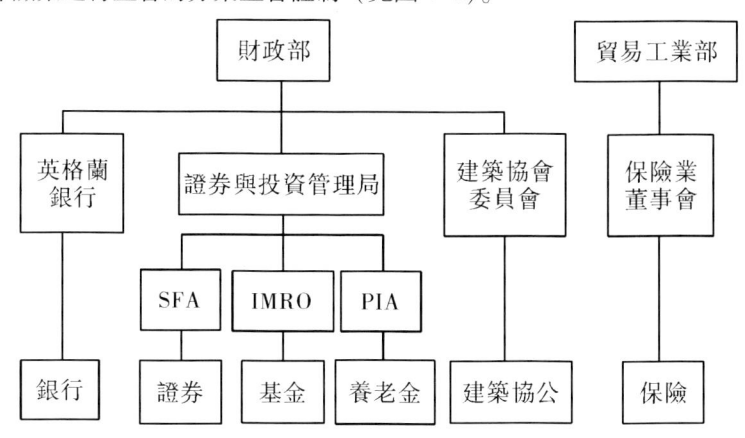

圖4-1 英國分業監管體制框架

註：SFA（證券與期貨管理局）、IMRO（投資管理監管組織）、PIA（私人投資監管局）。

20世紀80年代後，受到經濟全球化、金融自由化的衝擊，英國金融業面臨的競爭越發激烈。為了應對來自國外金融機構的競爭，英國的金融機構逐步採取業務多元化的發展戰略，不斷開拓新業務。英國分業監管體制顯然不能適應金融機構多元化發展的需要，金融監管體制改革迫在眉睫。

(三) 集中監管階段

為了順應金融業混業經營的發展趨勢，英國首次對金融監管體制進行了較為徹底性的變革，即專門建立一個全能型的金融監管機構——金融服務局，集中對銀行、證券、保險等所有金融機構進行監管。2000年6月，英國又出抬了《2000年金融市場與服務法》，進一步明確了金融服務局的監管職能，將英格蘭銀行、證券和期貨監管局、投資管理監管組織、私人投資監管局等監管機構的監管權全部集中到金融服務局。隨後，抵押貸款業務和保險業務的監管也由金融服務局承擔。至此，金融服務局成為英國金融監管權力最集中的監管機構，承擔著維持金融市場穩定、保護消費者權益、加強信息披露和防範金融犯罪等監管重任。

(四) 以英格蘭銀行為核心的金融監管階段

2007年以來爆發的全球金融危機，對世界經濟造成了巨大影響，英國的金融業也遭受了巨大打擊。英國政府意識到原有的監管體制存在較大的缺陷，因而英國政府對金融監管體制進行了第二次重大變革。這次變革的主要內容是確保英格蘭銀行在金融監管中的主導地位，形成以英格蘭銀行為核心的強有力的監管體制。

二、2007年金融危機前英國金融監管的基本框架

2007年金融危機之前，英國是「三方共治」式的金融監管體制，即金融服務局、英格蘭銀行和財政部共同分擔金融體系的監管職責（見圖4-2）。

(一) 金融服務局

1. 金融服務局的發展狀況

金融服務局是在英國政府的主導下，在對證券投資委員會改組的基礎上建立起來的。金融服務局主要承擔對整個金融業的監管責任。金融服務局最高決策機構是董事會，董事會直接管理五個職能部門。在具體職能行使上主要包括三套管理班子：第一套班子是首席行政官；第二套班子承擔機構監管職能；第三套班子承擔消費者保護職能。

金融服務局的監管範圍除了銀行、保險以及證券等金融機構外，還包括對金融行為和金融市場的監管。金融服務局和英格蘭銀行是屬於財政部的兩個職

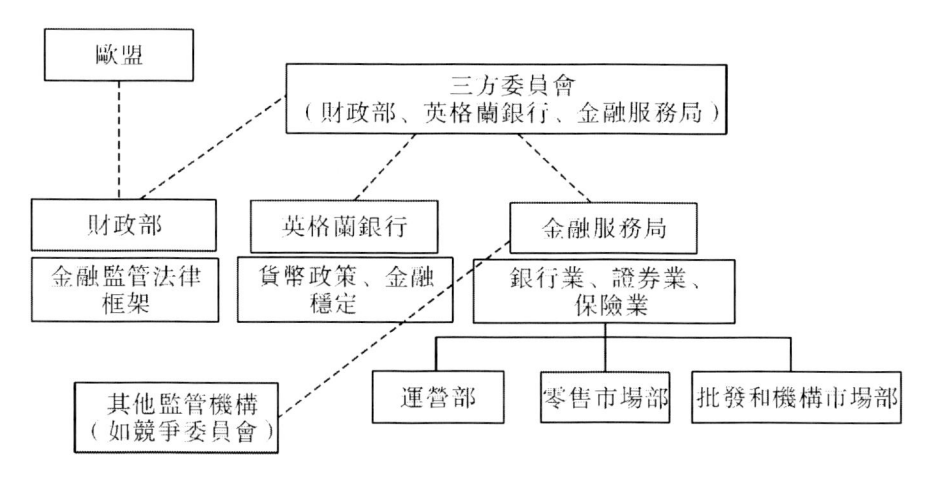

圖 4-2　危機前英國金融監管框架

能部門，前者主要負責金融業務管理，而後者的主要職責是維持金融穩定。

2. 金融服務局的監管方法

金融服務局成為英國專門的監管機構後，將以前九家監管機構的監管手冊重新進行修訂、整合成一部手冊，即《FSA監管手冊》，作為監管的指導文件。金融服務局監管過程中採取不同於以前的一種新方法——基於風險的監管，其風險監管體系又稱「RATE體系」。這種監管方法提出了監管的三部曲：即風險評估、選擇適當的監管工具以及監管評價。

另外，金融服務局為了實現對金融機構的差異化監管，提出了一種分類監管法，即根據一定的標準將金融機構分為A、B、C、D四大類，對不同類型的金融機構安排不同的部門或人員進行專門監管。

(二) 英格蘭銀行

英格蘭銀行是世界上成立的第一家真正的中央銀行，是各國中央銀行的發源地。英格蘭銀行成立之初，其主要目的是壟斷貨幣發行權，充當政府的銀行。隨著英格蘭銀行地位的提升，英格蘭銀行逐漸發揮銀行的職能，即為商業銀行之間債權債務的清償和票據交換提供服務，為商業銀行開展票據貼現業務，在銀行出現危機時充當「最後貸款人」角色等。英格蘭銀行成立之初，其監管職能並不明顯，隨著金融的發展，金融業風險出現了加劇趨勢，英格蘭銀行的監管職能也得到不斷強化。但是，英格蘭銀行作為英國的中央銀行，其主要的作用還是體現在宏觀調控上，其監管職能由於在監管權力和監管手段的約束下，並沒有體現出來。因此，提高英格蘭銀行在金融監管中的地位也就成為英國金融監管改革的重要內容。

第三節　英國金融監管體制的改革實踐

2007年開始的美國次債危機很快演變為世界性的金融危機，危機過後國際社會都在反思金融危機發生的原因，金融監管體制的不完善被認為是其中的重要原因之一。因而各國都在危機過後對金融監管體制進行了一系列的改革，英國政府同樣意識到本國原有的監管體制存在的缺陷，從而提出了新的金融監管體制框架。

一、英國金融監管體制存在的問題

在金融危機前，英國實行的是以金融服務局監管為主，英格蘭銀行和財政部承擔部分監管職能的「三方共治」模式，這種模式在金融危機發生過程中充分暴露了其存在的一些缺陷。

（一）忽視系統性風險的監測與評估

根據「三方共治」監管模式的分工，金融服務局主要負責對金融行業微觀審慎監管，英格蘭銀行主要維護金融系統的穩定，但由於缺乏具體監管手段，其能力有限，財政部的主要職責是對金融監管的法律法規的制定，但由於沒有使用公共資金處理金融機構風險的授權，其應對危機能力較弱。由此可以看出，在英國當時的金融監管制度安排中，並沒有重視系統性風險的評估與測度。

（二）監管機構之間缺乏信息溝通、協調機制

英格蘭銀行和金融服務局是財政部下的兩個職能部門，它們分別向財政部匯報有關監管情況，但金融服務局與英格蘭銀行之間缺乏信息溝通渠道，而且三者之間並沒有建立協同一致應對危機的機制。英格蘭銀行只能獲取較為全面的宏觀審慎監管信息，但對微觀審慎監管方面的信息比較缺乏，影響了金融監管效率。

（三）微觀審慎監管與宏觀審慎監管分離

在金融監管中，微觀審慎監管和宏觀審慎監管之間應該是相互聯繫、互為補充。而在英國的金融監管體制中，兩者被人為分離。金融服務局主要承擔微觀審慎監管的職責，英格蘭銀行承擔宏觀審慎監管的職責，這種監管模式很容易出現監管的真空地帶，權責不明晰，削弱了監管效果。

（四）缺乏消費者權益保護機制

金融服務局著重進行微觀審慎監管，但對消費者權益的保護問題並沒有涉

及。由於存在信息不對稱問題，金融消費者的權益應當受到監管部門的保護，倘若金融消費者權益得不到有效保護，金融機構在金融消費者中的地位就會大大降低，金融機構的發展必然受到阻礙。

二、英國金融監管體制改革歷程

2007年金融危機爆發後，英國政府為了提升對金融危機的應對能力，降低金融危機的衝擊影響，相關監管部門出抬了一系列有關金融監管改革的方案（見表4-1）

表4-1　　　　　2007年以來英國金融監管改革的主要方案

時間	制定部門	方案名稱
2007.10	金融監管三方委員會	《銀行改革討論文稿》
2008.1	對沖基金標準管理委員會	《對沖基金標準管理委員會標準》
2008.1	財政部、英格蘭銀行和FSA	《金融穩定和存款者保護：強化現有框架》
2008.2	議會	《銀行特別條款法案》
2008.7	財政部、英格蘭銀行和FSA	《金融穩定和存款者保護：進一步諮詢》
2008.7	財政部、英格蘭銀行和FSA	《金融穩定和存款者保護：特別處置機制》
2009.2	議會	《2009年銀行法》
2009.3	FSA	《特納報告：對全球金融危機的反應》
2009.7	財政部	《改革金融市場白皮書》
2010.4	議會	《2010年金融服務法》
2010.7	財政部	《金融監管新方案：判斷、焦點和穩定性》
2011.2	財政部	《金融監管新方案：建立更強大的體系》
2011.4	銀行業獨立委員會（ICB）	《ICB中期報告》
2011.6	財政部	《金融監管新方案：改革藍圖》
2011.9	銀行業獨立委員會（ICB）	《ICB最終報告》
2012.6	財政部	《銀行業改革：維持金融穩定和支持經濟的可持續發展》
2012.12	議會	《2012年金融服務法案》
2013.11	議會	《2013年金融服務（銀行改革）法》
2016.5	議會	《2016年英格蘭銀行和金融服務法》

概括起來說，金融危機後英國的監管改革主要從以下幾個方面展開：

（一）對原有的金融監管制度補充與完善，彌補監管漏洞

1. 加強對私募股權基金的監管

2007年以來爆發的金融危機，使得英國的對沖基金遭受巨大損失。為此，英國政府專門建立了對沖基金標準管理委員會來負責對對沖基金的監管，並專門制定了《對沖基金標準管理委員會標準》。該標準從治理結構、資產評估、信息披露和風險管理體系等方面來規範對沖基金管理公司的運作。從此，對沖基金管理逐漸實現了法制化、規範化，大大降低了對沖基金對金融市場的衝擊。

2. 建立健全存款保護機制

2007年金融危機發生後，英國北岩銀行因流動性危機而發生擠兌現象。該事件的發生引發了英國政府和社會各界對存款保護問題的極大關注。為了穩定市場信心，防止金融恐慌蔓延，從2008年1月到7月，英國財政部陸續出抬了《金融穩定和存款者保護：強化現有框架》《金融穩定和存款者保護：進一步諮詢》和《金融穩定和存款者保護：特別處置機制》等一批文件，對建立存款者保護機制做出了詳細的規定。

3. 完善銀行系統性風險的監管和建立一套銀行業的救助、破產機制

《2009年銀行法》的出抬，進一步完善了對於銀行業的監管。一是確立了銀行系統性風險監管的領導機構，建立了英格蘭銀行、金融服務局、財政部三者在系統性風險監管方面的協調機制，以強化對系統性風險的監管；二是建立和完善了銀行業救助、破產機制，如專門建立了危機銀行的「特別解決機制」，完善了「金融服務賠償計劃」，建立了專門針對銀行業的破產制度，以切實保護存款人的利益。為了進一步具體落實《2009年銀行法》中有關係統性風險監管以及存款者保護的問題，英國財政部在《改革金融市場白皮書》中提出專門成立金融穩定理事會，以加強英格蘭銀行、財政部和金融服務局三者之間的監管協調。

（二）改革原有監管體制，構建穩定金融體系的長期機制

卡梅倫政府上臺時，英國正處在金融危機後的恢復期，為了盡快重建英國的金融監管體系，英國政府開始大力推進金融監管體制的改革，放棄原來的「三方共治」的監管模式，建立以英格蘭銀行為核心的集中監管體制。

第一，為了破解銀行「大而不倒」的難題，英國政府專門建立銀行業獨立委員會（ICB）來主導銀行業的改革。該委員會擬定了一份《ICB報告》，報告提出了對銀行業進行改革，提升銀行業競爭力的具體措施。為了推進

《ICB 報告》的具體實施，英國財政部又專門發布了《銀行業改革：維持金融穩定和支持經濟的可持續發展白皮書》，對銀行業監管改革做了具體部署。

第二，探索金融監管改革路徑。為了進一步推進金融監管改革，制定行之有效的金融監管改革方案，在英國財政部的牽頭下，英國政府積極廣泛開展調查研究。從 2010 年 7 月至 2011 年 6 月，英國陸續推出了一系列金融監管改革方案，包括《金融監管新方案：判斷、焦點和穩定性》《金融監管新方案：建立更強大的體系》和《金融監管新方案：改革藍圖》。這三個方案從不同方面提出了對英國金融監管改革的建議，大體確立了英國新的金融監管的基本框架，即由英格蘭銀行統一實施監管，在英格蘭銀行內部設立金融穩定委員會、審慎監管局，分別負責宏觀審慎監管和微觀審慎監管，並專門建立消費者和市場管理局，以加強對消費者權益的保護。

第三，金融監管改革方案進一步完善。為了強化英格蘭銀行宏觀審慎監管職能，保證金融體系的穩定，英國政府提出了進一步完善金融監管體制的要求。2012 年 12 月，涵蓋新的金融監管改革方案的《2012 年金融服務法案》獲得英國議會的一致通過。該法案在財政部公布的金融監管改革新方案的基礎上進行了一些調整，即撤銷了英格蘭銀行下設的金融穩定委員會，而新設金融政策委員會，將已設立的消費者和市場管理局改為金融行為局。

第四，銀行業監管改革進一步強化。為了提高銀行業的穩定性，防範銀行業風險，英國於 2013 年 12 月出抬了《2013 年金融服務（銀行業改革）法》，專門針對英國銀行業的監管提出了具體的改革措施。其內容主要從銀行業務風險隔離、銀行救助機制、銀行業人員職責以及銀行業標準等方面制定相關監管規則，以強化對銀行業的監管。

至此，金融危機後英國金融監管改革第一輪告一段落，改革確立了英格蘭銀行在金融監管中的核心地位，由金融政策委員會（FPC）來負責宏觀審慎管理，由其附屬機構審慎監管局（PRA）和獨立機構金融行為局（FCA）一道承擔原來金融服務局的微觀審慎監管職能（見圖 4-3）。

（三）進一步深化金融監管體制改革

改革後的金融監管體系經過兩年的監管實踐，其監管效果還是令人滿意的，但在一些方面還有待進一步完善。比如監管的協調問題、英格蘭銀行治理結構問題等都提高了監管成本，降低了監管效率。英國當局認為改革後的金融監管體制還有一些需要完善的地方。基於此，2015 年 7 月，英國頒布了《英格蘭銀行議案：技術諮詢稿》，提出了進一步深化金融監管體制改革、調整金融監管框架的具體方案。

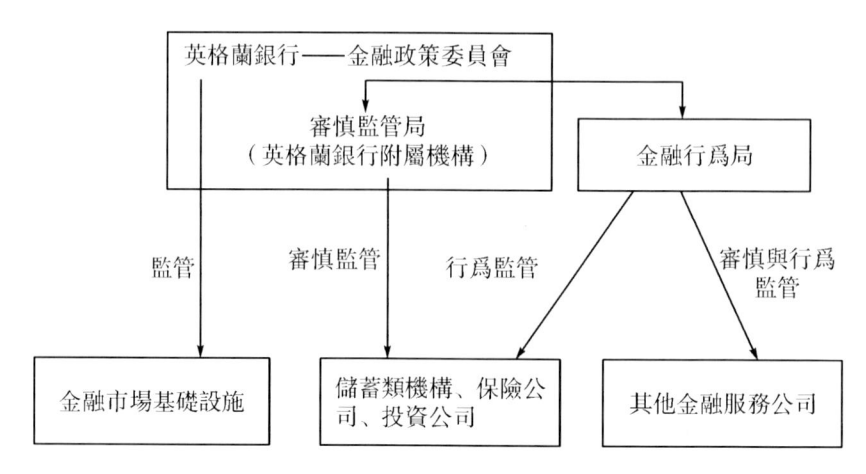

```
                英格蘭銀行——金融政策委員會
                           │
              ┌────────────┼────────────┐
              │            │            │
         審慎監管局                   金融行為局
       (英格蘭銀行附屬機構)
              │
    監管   審慎監管      行為監管    審慎與行為
                                      監管
     │        │           │            │
  金融市場  儲蓄類機構、保險公    其他金融服務公司
  基礎設施  司、投資公司
```

圖 4-3　金融危機後英國金融監管框架

一是重新整合英格蘭銀行內部監管結構。將審慎監管局並入英格蘭銀行內部，並在英格蘭銀行內專門建立審慎監管委員會（PRC），來履行英格蘭銀行的審慎監管職能。同時，將金融政策委員會提升到與貨幣政策委員會和審慎監管委員會同等的地位。由此，在英格蘭銀行內部構建了由貨幣政策委員會、審慎監管委員會、金融政策委員會共同組成的監管架構，並分別負責貨幣政策、微觀審慎監管和宏觀審慎管理職能。

二是優化英格蘭銀行的治理結構。通過縮減非執行董事數量、取消法律監督委員會和改革副行長任免制等方式，提高英格蘭銀行的運作效率。

三是加強英格蘭銀行與財政部之間的信息溝通，建立信息溝通渠道，提高英格蘭銀行貨幣政策的透明度，不斷強化英格蘭銀行的獨立性。

經過多輪的討論、修改和完善，2016 年 5 月，反應新的監管理念和適應金融發展實際需求的《2016 年英格蘭銀行和金融服務法》獲得英國議會通過，標志著以英格蘭銀行為主導的新的監管框架正式形成。

三、英國金融監管的新框架

經過兩輪的改革，英國金融監管體制形成了以英格蘭為核心的相對集中的金融監管模式。在這種監管模式中，財政部主要負責金融監管框架的制定及一切涉及公共資金的決策，英格蘭銀行主要承擔貨幣政策制定和維護金融體系穩定的職責，金融行為局負責對消費者的保護（見圖 4-4）。按照《2016 年英格蘭銀行和金融服務法》規定，英格蘭銀行內部構建了以貨幣政策委員會、金融政策委員會和審慎監管委員會三個部門為主的組織架構。

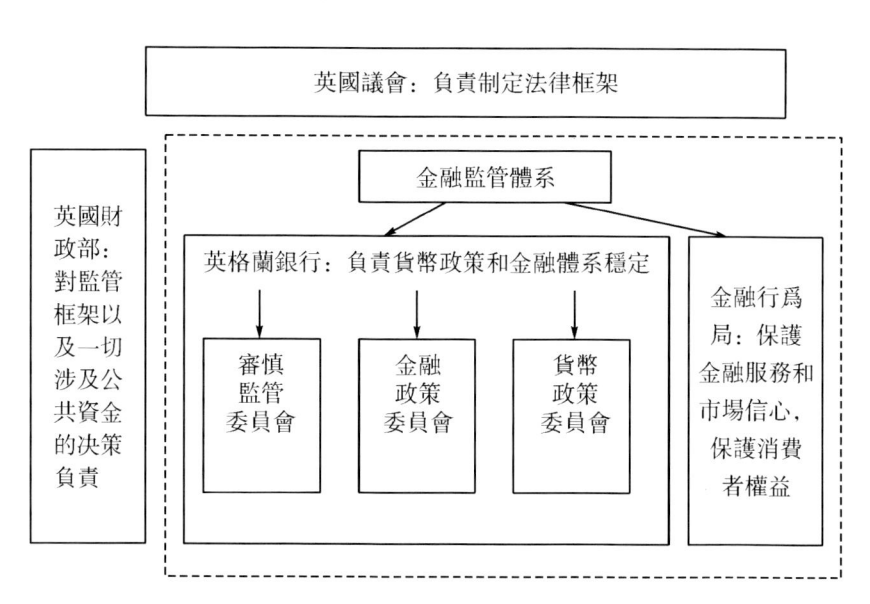

```
┌─────────────────────────────────────────────┐
│         英國議會：負責制定法律框架          │
└─────────────────────────────────────────────┘
              ┌─────────────┐
              │ 金融監管體系 │
              └─────────────┘
┌────────┐  ┌──────────────────────────────┐  ┌────────┐
│英國財  │  │英格蘭銀行：負責貨幣政策和金融│  │金融行為│
│政部：  │  │體系穩定                      │  │局：保護│
│對監管  │  │ ┌────┐  ┌────┐  ┌────┐      │  │金融服務│
│框架以  │  │ │審慎│  │金融│  │貨幣│      │  │和市場信│
│及一切  │  │ │監管│  │政策│  │政策│      │  │心，保護│
│涉及公  │  │ │委員│  │委員│  │委員│      │  │消費者權│
│共資金  │  │ │會  │  │會  │  │會  │      │  │益      │
│的決策  │  │ └────┘  └────┘  └────┘      │  │        │
│負責    │  │                              │  │        │
└────────┘  └──────────────────────────────┘  └────────┘
```

圖 4-4　英國金融監管的新框架

（一）貨幣政策委員會

貨幣政策委員會的主要職責是制定和實施貨幣政策，以對宏觀經濟進行調控。該委員會成員總共包括9人，其中5人由英格蘭銀行行長及副行長組成，其他4人是由英格蘭銀行遴選出來的銀行系統以外的經濟領域的專家組成。為了保證貨幣政策制定和實施的準確性、時效性和靈活性，《2016年英格蘭銀行和金融服務法》要求貨幣政策委員會每年最少召開8次例會，每10周最少召開1次例會。

（二）金融政策委員會（FPC）

1. 組織框架

為了強化英格蘭銀行宏觀審慎監管職能，將金融政策委員會提升到更為突出的位置，使之成為英格蘭銀行直屬委員會。該委員會成員總共有13人，其中6人是由英格蘭銀行行長、副行長及金融穩定執行董事擔任，5人是由英格蘭銀行遴選的銀行系統以外的金融專家組成，還有2人分別是金融行為管理局局長和財政部選任的人選。

2. 主要職權

金融政策委員會在履行宏觀審慎監管中具有兩項主要職權，分別是建議權和指導權。建議權是指金融政策委員會具有建議審慎監管局和金融行為局採取措施降低風險的權力，還可向其他金融監管機構行使建議權。金融政策委員會

可行使三項指導權,一是由財政部授予的指導制定分部門資本要求標準;二是歐盟授予的指導制定逆週期資本緩衝標準;三是英國政府授予的指導制定隨時間變動的槓桿率工具。

(三)審慎監管委員會(PRC)

為進一步優化英格蘭銀行內部組織設置,在英格蘭銀行內部專門建立審慎監管委員會來行使原來審慎監管局承擔的審慎監管職責,審慎監管局被撤銷。審慎監管委員會成員至少包括12人,其中4人是由英格蘭銀行行長及副行長擔任,至少6人由財政部選任,另外金融行為管理局局長1人,經財政部同意由英格蘭銀行任命1人。

(四)金融行為局(FCA)

為了進一步加強消費者保護,提高對金融機構的市場行為監管能力,在英格蘭銀行外設立獨立監管機構——金融行為局。金融行為局直接對英國財政部和議會負責,因而具有較強的獨立性。金融行為局採取有限責任公司的形式運作。其主要承擔對金融機構的市場行為進行監管的職責,維護消費者的利益。金融行為局董事會由執行董事和非執行董事組成,負責制定全局整體政策。

四、金融監管的協調機制

(一)金融政策委員會、審慎監管委員會與金融行為局之間的協調機制

一方面,金融政策委員會就有關金融系統穩定及風險等方面向審慎監管委員會和金融行為局提供建議和專業指導;另一方面,審慎監管委員會和金融行為局需要向金融穩定委員會分享他們在監管中收集到的所有新信息和評估報告。另外,審慎監管委員會和金融行為局之間就如何加強監管協調合作做出明確規定,包括正式合作機制和非正式合作機制。也就是說,三大監管機構建立了信息共享和溝通機制。

(二)英格蘭銀行與金融行為局之間的協調機制

英格蘭銀行與金融行為局之間的協調,主要體現在對認可清算所的監管上。根據新的監管體制的安排,英格蘭銀行主要負責認可清算所的監管,是認可清算所的審慎監管機構,但在許多重要領域仍需要與金融行為監管局進行合作。例如,英格蘭銀行監管的認可交易所、金融行為監管局監管範圍內的不同清算所和其他交易平臺之間的連接;對自我清算的交易所、單獨的認可交易所及複雜交易所集團的監管;與中央對手方認可清算所有關的業務行為監管等。

(三)英格蘭銀行與審慎監管委員會之間的協調機制

將審慎監管委員會並入英格蘭銀行內部,其主要目的就是在英格蘭銀行和

審慎監管委員會之間建立有效的信息溝通渠道。一方面，通過密切雙方官員之間的工作關係，實現金融穩定信息共享；另一方面，通過雙方交流各自監管領域的信息，實現各自的監管目標。

第五章 歐盟的金融監管體制

第一節 歐盟的金融體系

一、歐盟金融體系構架

歐盟的金融機構體系包括貨幣金融機構和非貨幣金融機構兩大類。貨幣金融機構包括中央銀行、信貸機構、貨幣市場基金及其他貨幣金融機構，非貨幣金融機構主要有金融仲介公司、保險公司、投資基金公司和養老基金公司等。

（一）歐盟銀行業

1. 歐洲中央銀行體系

歐洲中央銀行體系的成員包括歐洲中央銀行和歐盟成員國的中央銀行。歐洲中央銀行的決策機構包括歐洲中央行長理事會和執行董事會，其主要目標是維持價格穩定，並通過開展公開市場業務、流動資金便利和準備金制度來實現其宏觀經濟目標。

2. 歐洲銀行業金融機構

歐洲金融體系的特徵是以銀行為主導的金融體系，因而歐洲的銀行業在歐洲的金融體系中具有舉足輕重的地位。但由於受美國次債危機和歐洲主權債務危機的影響，歐洲銀行業在金融機構數量、資產規模等方面都呈下降趨勢（見圖5-1）。但銀行業仍然是資金的主要供給者，銀行業資產在四類機構（銀行、保險公司、養老基金和投資基金）中占比是最高的，幾乎占到四類機構資產規模的3/4。

從20世紀90年代一直到2007年金融危機爆發前，歐洲銀行業的盈利能力一直在上升。這一方面得益於這一階段歐洲經濟保持快速增長的局面，另一方面主要還是銀行自身實力的提升。

2007年以來，歐洲銀行業接連遭受全球金融危機和歐洲主權債務危機的

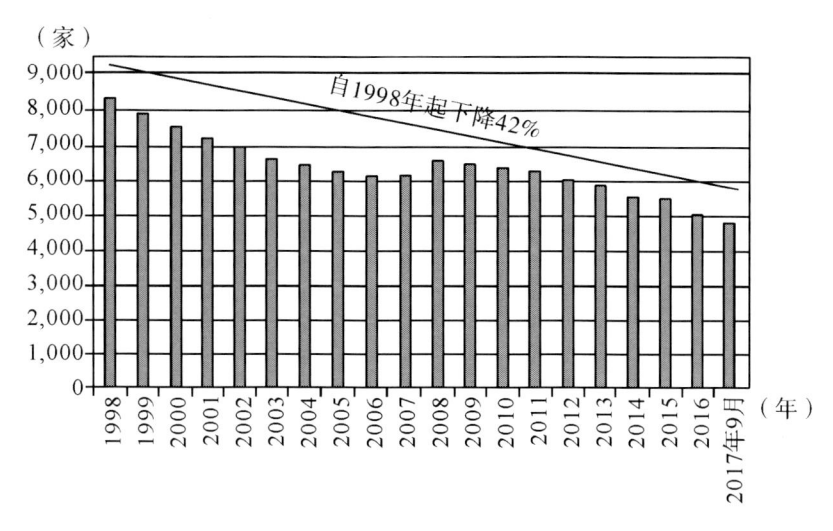

圖 5-1　歐洲信貸機構數量變化情況

衝擊，歐洲銀行業危機日益顯露。為了防止歐洲銀行業危機惡化，歐洲銀行業採取了多種改革措施。

一是銀行業併購重組。2005 年以來，歐洲銀行業開啓了一輪併購重組的熱潮，尤其是 2007 年達到了併購高潮。2007 年後，併購交易規模有所降低，但隨著金融危機影響的深入和國際金融監管改革的推進，併購重組給了危機銀行重生的機會，也為一些經營狀況較好的銀行提供了擴張的良機。例如，2015 年 9 月，西班牙洲際銀行（Bankinter）收購了巴克萊銀行位於葡萄牙的零售業務部門。隨後，德國中央合作銀行（DZ Bank）和德西中央合作銀行（WGZ Bank）作為德國最大的兩家合作銀行成功牽手，合併後其總資產規模躋身德國銀行業的三甲行列。2016 年 3 月，義大利大眾銀行與米蘭人民銀行開始商談合併事宜，隨後 1 個月，西班牙凱克薩銀行提出了有意收購葡萄牙投資銀行的計劃。

二是實施國際化發展戰略。總體而言，不少歐洲銀行，尤其是大型銀行遵循「走出去」的發展戰略，並且已經轉變為跨國機構。歐洲銀行的國際化不僅包括業務收入的國際化，同時歐洲銀行的股東構成也呈現國際化趨勢。

總地來說，受世界經濟復甦乏力、英國脫歐、美國金融監管日益嚴格等諸多事件的影響，歐洲銀行業危機並未完全解除。根據 2017 年歐洲銀行業經營統計情況，歐洲銀行業盈利狀況存在較大差別，其中德國的德意志銀行深受債務危機的困擾，出現了較大虧損。英國的萊斯銀行得益於國際金融危機期間英國政府的救助，成功地實現了轉型，在 2017 年實現了較高的盈利。而英國一

些傳統大銀行如匯豐銀行和巴克萊銀行的經營情況並不樂觀。

(二) 歐盟證券業機構

隨著歐洲經濟一體化的發展，歐洲證券業機構也加快了重整的步伐。其中最突出的體現是法國的巴黎證券交易所、荷蘭的阿姆斯特丹證券交易所和比利時的布魯塞爾證券交易所三家交易所進行了整合、建立了泛歐證券交易所。從此，歐洲證券業形成了倫敦證券交易所、德國證券交易所和泛歐證券交易所三足鼎立的局面。2007年，泛歐證券交易所與紐約證券交易所進一步合併成立紐約-泛歐交易所（NYSE Euronext），歐洲證券業出現了良好的發展勢頭。

歐盟的證券業金融機構主要包括歐盟投資基金公司、養老基金公司和金融仲介公司。歐盟投資基金公司按照主要投資對象不同，分為債券基金、股票基金、對沖基金、混合基金和房地產基金等種類。金融仲介公司主要經營證券化交易的金融機構，其分為傳統的金融仲介公司、綜合金融仲介公司和其他金融仲介公司。

(三) 歐盟保險金融機構

歐洲是保險業的發源地，世界上第一家保險公司勞合社就降生於英國。歐洲保險業相當發達，在全球十大保險公司裡，歐洲占了7席。歐洲比較著名的保險公司有：法國的安盛和國家人壽保險公司、德國的安聯保險集團和慕尼黑再保險公司、英國的英杰華集團和法通保險公司、義大利的忠利保險公司、瑞士的蘇黎世保險集團、荷蘭的全球保險集團等。

歐盟保險公司的業務包括壽險和非壽險兩種。壽險按照保險合同的形式分為主險合同和附加險合同，主險合同包括個人壽險合同和團體壽險合同。非壽險主要包括汽車險、健康險、財險、意外險、海航險，一般責任險、訴訟費用保險等。保險公司的收入中，壽險業務收入占比約為60%，其餘為非壽險業務收入。在非壽險業務收入中，機動車輛保險占比較高，其次是健康險和財產險。

二、歐盟金融市場

歐元區建立以前，歐洲的金融市場分散在歐盟各成員國。隨著歐洲經濟一體化的發展，歐洲金融市場一體化程度越來越高。歐盟的金融市場包括貨幣市場、資本市場以及金融衍生品市場。2007年金融危機發生以後，歐洲金融市場遭受巨大打擊，歐洲金融市場一體化要求日益迫切。

(一) 貨幣市場

歐洲的貨幣市場由同業拆借市場、回購協議市場、票據和銀行存單市場等

組成。貨幣市場是金融市場中與貨幣政策聯繫最為緊密的市場。貨幣政策正是通過這一市場，將中央銀行的貨幣政策意圖傳導到銀行和其他金融市場，從而影響實體經濟的。

1. 同業拆借市場

歐元區建立以後，歐元區各國的銀行間拆借市場一體化得到迅速發展，並在較短的時間內實現了一體化。具體表現為，一是歐元區銀行間同業拆借利率逐漸走低，並最終保持穩定；二是歐元區銀行間拆借市場交易規模出現快速增長，特別是歐元區成員之間的跨國交易量迅速增加，大大活躍了歐元區同業拆借市場。

2. 回購市場

相對於同業拆借市場，歐元區回購交易市場的一體化程度相對較低。回購市場上跨國交易並不活躍，歐元區 15 個成員國的回購市場之間聯繫不是很緊密。歐元區回購市場交易分為三類，即基於中央對手方的雙邊回購、基於非中央對手方的雙邊回購和三方回購。

3. 票據和存單市場

歐元區票據和存單市場的一體化程度要低於上述兩個市場，其交易主要還是局限於歐元區各國國內市場。

(二) 資本市場

歐洲的資本市場主要由債券市場和股票市場組成。債券市場包括政府部門債券市場和私人部門債券市場，股票市場由場內市場和場外市場組成。

1. 歐洲債券市場

歐元區建立前，歐洲缺乏統一的債券市場，歐洲債券市場分散在歐洲各個國家且債券市場的規模都比較小，這在一定程度上制約了歐洲經濟的整體發展。隨著歐元區的建立，歐洲債券市場一體化發展非常迅速，發行債券品種日益豐富，包括歐洲美元債券、歐洲馬克債券、歐洲瑞士法郎債券、歐洲荷蘭盾債券等。歐洲債券市場與其他國家債券市場相比，具有鮮明的特點，具體體現在：一是債券的發行主體、債券發行地和債券面值計價貨幣可以來自不同的國家或地區；二是債券發行方式一般採取辛迪加方式；三是給予債券發行人較高的自由度，且發行條件比較優惠。

歐元區建立以後，由於匯率風險消除了，歐洲私人部門債券得到迅猛發展，而政府債券市場的發行比重在下降。

2. 股票市場

歐元區建立以後，歐洲股票市場發展得很快。從總量上看，歐洲股票市場

的總體規模僅位於美國之後。但單個國家的股票市場規模還不是很大，德國、法國已脫歐的股票市場規模相對於美國、日本還有一定的差距。隨著歐元區經濟一體化的不斷向前推進，歐洲股票市場一體化得到快速發展。尤其是20世紀90年代末，隨著歐盟範圍內證券交易所的大規模合併，歐洲建立了統一的證券交易所，進一步提高了歐洲股票市場的一體化程度。

第二節　歐盟金融監管體制的演進與發展

歐盟的金融監管體制是在歐盟各國金融監管一體化進程中逐漸形成的。隨著歐元區的建立和歐元區一體化程度的不斷提升，歐盟層面上的金融監管工作也在不斷推進，從最初的萊姆法路西監管框架到泛歐金融監管體系形成。

一、歐盟金融監管體制的演進

（一）歐元區建立前期的金融監管階段

1977年，歐共體理事會頒布了《第一銀行指令》，標志著歐盟金融監管體制的誕生。該法令制定了歐共體成員國組建信用機構的統一最低標準。1985年，歐盟頒布了《完善內部市場白皮書》，這成為歐盟金融監管發展的一個巨大推動力。白皮書提出了單一銀行執照、母國控制和相互承認原則，成為歐盟監管規則綱要的基礎。1989年，《第二銀行指令》又獲得歐洲理事會通過並向外頒布，該指令旨在推行《完善內部市場》中提出的單一銀行執照和母國控制原則。《第二銀行指令》還對銀行的資本充足率和風險標準進行了統一，並適當限制了銀行在非金融領域裡開展業務的行為。

隨著歐盟經濟一體化的推進，歐盟金融一體化也得到了快速發展。為了進一步推進歐洲金融市場一體化的進程，歐盟啟動了金融服務行動計劃。該計劃旨在推動在歐洲地區建立統一的批發金融市場、高度開放的零售金融服務市場以及集中統一的監管體系。《金融服務行動計劃》一提出就得到了歐盟各國的普遍認同和支持，在此基礎上，歐盟又制定了《國際財務報告標準》《市場違規指令》《招股說明書指令》《透明度指令》《金融工具市場指令》等一系列重要文件，為歐盟實現金融監管一體化奠定了基礎。

（二）萊姆法路西監管框架的建立階段

隨著歐盟經濟和貨幣一體化的推進，在歐元區建立統一的金融監管體系也被提上了議事日程。2001年，歐盟根據萊姆法路西先生的報告，建立了一個

基於萊姆法路西框架的金融監管體系。此框架最初只是針對證券業而提出的，直到 2003 年才擴展到銀行業和保險業。

萊姆法路西框架包括四個層級機構：第一層級機構是有關基本框架、原則的立法機構，即擬定歐盟層面的涉及金融監管的指令和規則。立法程序是先由歐盟委員會提出所需立法議案並在徵詢各方意見的基礎上，交由歐洲經濟與金融事務理事會和歐洲議會共同決議，最後形成最終議案。第二層級機構是制定確保第一層級的指令和條例能夠貫徹實施的具體細則，主要由歐洲銀行業、歐洲保險與職業養老金以及歐洲證券業三個委員會來負責實施。第三層級機構主要負責監督和指導各成員國的監管工作，保證第一、二層面立法的統一貫徹實施。該工作主要由歐洲銀行業監管者、歐洲保險與職業養老金監管者和歐洲證券監管者等三個委員會來負責實施。第四層級機構即執行層面，由各成員國監管者具體貫徹執行歐盟指令、條例，歐盟委員會承擔監督職責。此外，歐盟委員會、歐洲中央銀行、各國中央銀行及部長級官員共同組成了經濟金融委員會，以對金融市場問題進行共同討論並與第三方國際機構（如 IMF）加強合作。①

（三）2007 年金融危機後金融監管階段

2007 年美國次債危機引發了世界性的金融危機，歐洲在這次金融危機中遭受重創，歐洲的貨幣一體化也飽受質疑。為了重振歐洲經濟，重樹市場信心，歐盟金融體系改革迫在眉睫，尤其是推動歐盟金融監管的一體化顯得更為重要。2010 年 9 月，隨著歐洲新的金融監管法案的通過，歐盟正式開啟了金融監管體制改革的步伐。

二、金融危機前歐盟的金融監管體制

（一）歐盟金融監管的基本框架

金融危機前，歐盟在借鑑萊姆法路西先生研究報告的基礎上建立了由歐洲銀行監管委員會、歐盟保險與養老金監管委員會和歐盟證券監管委員會為監管機構的分業監管體系，其整體的監管框架分為四個層次（見圖 5-2）。

（二）歐盟金融監管的主要制度安排

歐元區建立後一直到 2007 年金融危機前，歐盟一級的金融監管主要從兩個方面展開：一是負責歐盟成員國之間監管的協調與合作；二是借助區域性的

---

① 湯柳. 歐盟金融監管一體化的演變與發展——兼評危機後歐盟監管改革 [J]. 上海金融，2010（3）.

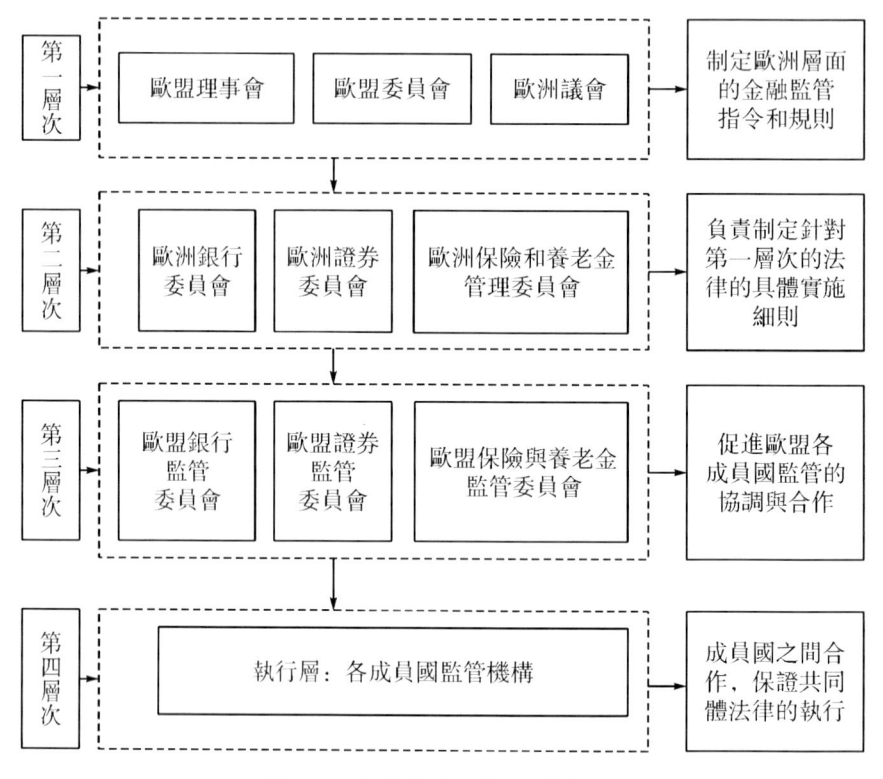

```
第一層次:  歐盟理事會 | 歐盟委員會 | 歐洲議會  →  制定歐洲層面的金融監管指令和規則

第二層次:  歐洲銀行委員會 | 歐洲證券委員會 | 歐洲保險和養老金管理委員會  →  負責制定針對第一層次的法律的具體實施細則

第三層次:  歐盟銀行監管委員會 | 歐盟證券監管委員會 | 歐盟保險與養老金監管委員會  →  促進歐盟各成員國監管的協調與合作

第四層次:  執行層:各成員國監管機構  →  成員國之間合作,保證共同體法律的執行
```

圖 5-2　危機前歐盟金融監管框架

金融監管體制來保證歐盟監管的有效性。歐盟金融監管主要通過建立各種監管機構和制定相應的制度安排來實現,同時致力於強化各成員國監管機構之間的協調程度。

1. 通過制定和發布各種有關金融監管的指令和金融報告的方式,來實現金融監管

1999 年後,歐盟先後頒布了一系列有關金融監管方面的指令,使得歐盟金融監管有法可依。1999 年 5 月歐盟委員會出抬了「金融服務行動計劃」,該計劃提出了許多改革措施,涉及銀行、證券和保險三大行業。隨後,又陸續發布了「電子商務指令」「第二洗錢指令」「金融綜合服務集團指令」「透明度指令」等,為歐盟實行跨境金融監管提供了法律依據。除了上述指令之外,2000 年 4 月,歐盟經濟和金融委員會發布了一份金融穩定性報告,該報告提出了增強銀行、證券、保險監管當局之間的跨部門合作以及監管當局與中央銀行之間的合作與信息交換的具體措施。2001 年 4 月,該委員會在一份關於金融危機管理的報告中,明確提出要保證金融監管部門、中央銀行和其他相關當

局之間信息交流渠道的暢通。2002年7月，歐元區財長理事會提出了新的萊姆法路西報告，其核心內容是增強對證券業的立法和監管，此後歐盟基於萊姆法路西報告，構建了歐盟金融監管的基本框架，並擴展到對銀行業、保險業等所有的金融業的監管。

2. 歐洲中央銀行承擔歐元區的審慎金融監管

歐洲中央銀行建立之初並不承擔主要監管職責，它主要是承擔制定歐元區貨幣政策、保持歐元區貨幣的穩定的職能。它在監管方面的主要任務是輔助監管機構監督管理金融市場，並協調歐盟內部監管機構與中央銀行之間的合作與交流。

歐洲中央銀行主要由銀行監管委員會來具體履行金融監管的職能。銀行監管委員會作為歐洲中央銀行的管轄機構，其一方面負責監督金融監管法律的貫徹落實情況，履行對銀行業的監管職責；另一方面，負責歐洲中央銀行與歐盟各監管機構之間的溝通與協調。

3. 建立多種監管委員會和協調機構來強化金融監管的多邊協調與合作

歐盟對銀行信貸機構、證券市場機構和保險業機構分別由專門的金融監管委員會來進行監管。負責對銀行信貸機構進行監管的委員會有銀行業諮詢委員會和聯絡小組。負責對證券業進行監管的委員會包括歐洲證券監管委員會和歐洲證券委員會。在保險行業方面的監管委員會主要有保險監管者委員會和保險委員會。此外，歐盟還專門建立了跨部門監管者圓桌會議和混合技術小組來負責跨部門的金融監管協調工作。

4. 雙邊或多邊諒解備忘錄

相對於以上正式的多邊機構安排，歐盟還採用一些較為鬆散的金融監管方式進行監管，即成員國監管機構或中央銀行之間通過簽署雙邊協定或多邊諒解備忘錄作為跨國金融監管的工具或平臺。如2000年，歐盟成員國簽署了關於支付系統監管諒解備忘錄，要求共同保持金融市場的穩定。2003年，歐盟成員國的中央銀行和監管機構就危機處理方面達成了諒解備忘錄，其中規定了出現危機時，信貸機構和銀行集團合作的原則和程序以及監管當局在危機處理中的責任。2005年，歐盟成員國的中央銀行、歐盟銀行監管機構和財政部也對危機處理問題簽訂了一項諒解備忘錄，目的是保證歐盟金融體系的穩定，特別說明了當幾個國家同時出現系統危機時，各相關監管機構開展政策協調的條件。

第三節　歐盟金融監管體制的改革實踐

2007 年金融危機爆發後，以美國、英國為首的世界各國都在重新審視金融創新與金融監管之間的關係，金融監管體制改革在許多國家陸續展開。歐盟國家一直以來都非常重視金融市場穩定和金融監管，但由於歐元區統一後，歐盟各國分割的監管格局與統一的金融市場的衝突日益明顯，特別是金融危機的發生，更充分證明了這種分割的監管體制不合理。因此，歐盟金融監管改革的要求日益迫切。

一、歐盟原有金融監管體制存在的缺陷

在金融危機發生前，歐盟的金融監管主要由各個成員國的監管機構來承擔，而各個成員國監管機構自立門戶，彼此被割裂開來，沒有形成很好的協調機制。歐盟層面雖然制定了一系列監管法律，但對歐盟成員國的約束力不強。這種監管體制模式為歐盟的監管帶來了一系列問題。

（一）本國利益與歐盟整體利益的衝突

歐盟監管由各個成員國的監管機構來承擔，在監管過程中，為了不削弱本國金融機構的國際競爭力，各國監管部門對本國金融機構的過度擴張和壟斷行為會採取放任的態度，而基於國際金融機構之間的併購卻會受到各國的抵制。這種分散監管，必然會損害歐盟整體的利益。

（二）各自為政的監管模式與歐盟金融業的快速發展不相適應

歐洲金融一體化的快速發展，使得歐洲跨國金融機構種類日益增多，經營的業務範圍更加廣泛，業務規模日益增大，金融機構的國際化程度越來越高。這些變化對監管部門監管技術和水準形成了非常大的挑戰。而在現有監管框架下，各國監管部門受監管能力和權力的極大限制，並不能很好履行其監管職責。特別是一些大型跨國金融機構發生危機時，往往超出一國的救助能力，從而會引發更大的危機。

（三）各國監管機構之間缺乏協調、溝通機制

為了強化各國金融監管部門之間的監管合作，歐盟建立了由各國中央銀行、監管當局、財政部等管理部門參與的各種委員會，通過制定規則或發布報告來指導金融監管部門的監管工作。但由於在監管過程中，信息溝通渠道不暢，且這些規則或報告的約束力不強，歐盟整體監管的效率並不高。

二、歐盟金融監管體制改革的主要內容

(一) 歐洲銀行業的監管改革

金融危機前，歐盟層面上負責銀行業監管的主要機構是歐洲銀行監管委員會，歐洲銀行監管委員會是歐洲中央銀行的一個職能部門，主要輔助歐洲中央銀行開展有關監管制度執行情況的檢查，密切歐洲中央銀行與各國監管機構之間的聯繫。此外，歐盟還建立了銀行業諮詢委員會和聯絡小組等機構來加強各國監管機構之間的協調與合作。

在金融危機發生過程中，歐洲銀行業遭受了巨大損失，因而強化銀行業監管，防止發生銀行業危機，是歐盟金融監管改革的主要內容之一。

1. 歐洲銀行業聯盟的提出與建立

歐盟委員會認為，一國銀行體系的不穩定與主權債務之間存在一定的聯繫，為了維持歐元區金融體系的穩定，有必要建立一個更好的監管體系和經濟貨幣聯盟。因此，在2012年6月召開的歐元區國家元首和政府首腦峰會上正式提出要建立歐洲銀行業聯盟，以統一對歐盟銀行業的監管。隨後，歐盟委員會啓動了歐洲銀行業聯盟的建設工作，並於同年9月提出了一份《銀行業聯盟路線圖》的報告，該報告提出建立由單一監管機制、共同存款保險機制和單一清算機制三大部分組成的歐盟銀行業聯盟。

歐盟各國對於歐盟委員會提出的方案在執行細則上意見不統一，銀行業聯盟的建立面臨巨大挑戰。但是歐洲債務危機越發嚴重，危機處置刻不容緩，鑒於單一監管機制在歐洲銀行聯盟的基礎性作用，歐盟決定把建立單一監管機制作為歐洲銀行聯盟建設的起點。隨後，在2013年12月17日和2014年4月15日，歐洲銀行聯盟其他兩個組成部分——共同存款保險機制和單一清算機制也相繼啓動建設。至此，歐洲銀行業聯盟的三大監管機制得以建立，歐洲銀行業監管的基本框架已經形成。

2. 歐洲銀行聯盟的構成

(1) 單一監管機制

單一監管機制本質上是以歐洲中央銀行為核心、歐洲銀行業監管局和歐元區各國監管部門為輔助的分工明確又相互協作的一種監管體制。單一監管機制的實行，標誌著歐洲中央銀行全面履行歐洲銀行業的監管職能。在單一監管機制中，其核心內容包括以下幾個方面：

一是在歐洲中央銀行內部專門建立銀行監管委員會，全面負責銀行業監管，以便將監管職能和貨幣政策職能分離開來。歐洲中央銀行擁有直接對系統

重要性的大型銀行的監管權，而對其他銀行的監管主要由成員國監管機構執行，歐洲中央銀行起輔助作用，但必要時歐洲中央銀行仍具有對所有銀行進行監管的權力。

二是維持歐洲銀行業監管局的監管職能不變，但歐洲銀行業監管局在對有關監管政策進行表決通過時，對原有的投票機制進行了改進，即規定所有的歐盟成員國都應該參與表決。

三是歐元區所有銀行都需要加入單一監管機制，非歐元區國家銀行可以自由選擇是否加入單一監管機制。

(2) 共同存款保險機制

共同存款保險機制的建立主要為存款性金融機構提供保障，以保護存款者的合法權益。共同存款保險基金主要採取由歐元區國家向銀行徵稅的方式籌集。當歐元區內出現銀行破產倒閉時，應立即啓動共同存款保險機制，並確保在破產7天之內，向10萬歐元以下的存款帳戶的儲戶進行償付。2014年4月15日，歐洲議會又出抬了《存款保險法案》，進一步強調了對存款的保護。

(3) 單一清算機制

單一清算機制建立的主要目的是對危機銀行進行及時處置，以防止發生銀行業危機。根據單一清算機制的要求，建立單一清算委員會作為危機銀行的專門處置機構，對危機銀行進行及時處理，防止銀行危機的發生對經濟造成負面影響。單一清算機制通過向銀行徵稅的方式建立了專門清算基金，清算基金主要用於支付有問題銀行的清算費用。隨著銀行業的不斷發展，力爭不斷擴大清算基金規模。

(二) 歐盟證券業的監管改革

美國次債危機發端於金融衍生品市場，這其中原因之一就是監管部門對金融衍生品市場尤其是場外金融衍生品的交易疏於監管。金融危機過後，各個國家充分意識到金融衍生品交易市場存在的巨大風險及其危害性，加強對金融衍生品交易市場的監管成為國際社會的共識，歐盟也不例外。

1. 歐盟金融衍生品市場監管改革

歐盟金融衍生品市場監管改革主要體現在合規性監管上，即通過制定相關的金融監管指令或法案來規範金融衍生品市場的交易行為。

(1) 提高了金融仲介機構的資本要求

2009年9月到2011年7月，歐盟委員會連續推出了《歐盟金融業資本要求指令Ⅱ》《歐盟金融業資本要求指令Ⅲ》《歐盟金融業資本要求指令Ⅳ》和《另類投資基金經理指令》等文件，對從事高風險交易業務的金融機構提出了

更為嚴格的資本要求。

（2）強化了對場外金融衍生品市場監管

為了加強對場外金融衍生品市場監管，歐洲議會專門出抬了《歐洲市場基礎設施監管規則》的文件。該規則提出，對場外金融衍生品市場的監管主要從兩個方面來強化，一是提高場外衍生品市場的透明度，即要求開展場外衍生品交易的所有金融機構需向交易登記機構和監管當局報告全部有關場外衍生品交易合約的詳細信息；二是降低交易對手信用風險，即從事場外衍生品交易的金融機構都應該參與中央對手方清算，並不斷加強風險管理。

2. 歐盟信用評級機構監管改革

金融危機前，歐盟對信用評級機構的監管以自律性監管為主，與信用評級機構監管相關的法規並不完善，信用評級機構監管比較滯後。金融危機後，歐盟制定並通過了信用評級機構監管的專門法案來加強對信用評級機構的監管。主要通過強化信用評級機構市場准入，對信用評級機構實行註冊制，未經註冊的評級機構其發布的評級報告視為無效來進行監管。另外，由歐洲證券和市場管理局負責信用評級機構的監管。

（三）歐盟保險業的監管改革

歐盟對保險業的監管主要通過建立保險公司償付能力監管體系來實現。金融危機前，歐盟保險監管主要依據償付能力Ⅰ來開展。金融危機後，歐洲對保險業的監管開始實施償付能力Ⅱ（Solvency Ⅱ）的有關監管標準。償付能力Ⅱ可以說是引領了國際保險業監管未來發展趨勢。

1. 償付能力Ⅰ

歐盟的償付能力Ⅰ是在20世紀70年代發布的「非壽險第一指令」和「壽險第一指令」的基礎上，經過2002年的修訂形成的。按照償付能力Ⅰ的監管要求，保險監管部門主要通過對監管對象的資產、負債和最低償付能力等方面的評估來進行監管。該標準在維護保單持有人利益方面發揮了重要作用，但也存在一些不足。

一是在計提技術準備金的過程中有時缺乏科學性，存在一定的主觀性，使得監管資本要求與保險公司的實際經濟資本存在較大差別，影響監管的有效性。

二是償付能力額度沒能完全體現保險公司的總體風險管理能力。因為目前的償付能力監管標準只考慮了再保險安排，而對保險公司的其他風險管理技術未予考慮，不利於促進保險企業提高自身風險管理能力。

三是歐盟成員國之間償付能力監管標準不統一，有失競爭的公平性，不利

於歐盟保險業的整體發展。

四是隨著保險企業集團化的發展，現有監管標準不能對保險集團進行有效監管。

2. 償付能力 II

償付能力 II 是在參考《巴塞爾協議 II》的監管思想和基本架構的基礎上建立的，其核心內容包括三大支柱（見圖 5-3）。

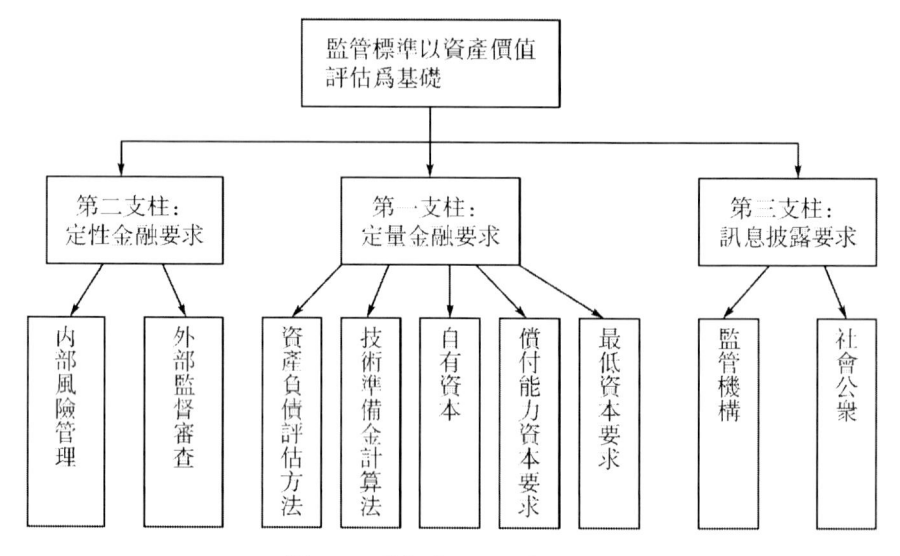

```
                    監管標準以資產價值
                    評估為基礎
        ┌───────────────┼───────────────┐
    第二支柱：        第一支柱：        第三支柱：
    定性金融要求      定量金融要求      訊息披露要求
    ┌─────┐          ┌──┬──┬──┬──┐    ┌─────┐
    內部  外部        資產 技術 自有 償付 最低  監管  社會
    風險  監督        負債 準備 資本 能力 資本  機構  公眾
    管理  審查        評估 金計     資本 要求
                     方法 算法      要求
```

圖 5-3 償付能力 II 的基本框架

3. 加強對保險集團的監管

隨著保險企業集團化的發展，償付能力 I 並不能有效地對保險集團進行監管，因而償付能力 II 提出了加強對保險集團的監管的要求，並在第三部分專門闡述了對保險集團的監管。償付能力 II 中將保險集團分為兩類，一類是混合業務保險控股公司，另一類是保險控股公司。前者是指其旗下至少有一家保險企業或再保險企業的控股公司；後者是指主營業務為獲得或控制子公司股份且這些子公司是專業保險企業或再保險企業，包括成員國保險或再保險企業、非成員國保險或再保險企業等。償付能力 II 對保險集團的監管主要包括明確保險集團監管的主體及其監管職責，加強保險集團監管機構與集團內保險企業監管機構之間的合作與交流，強化保險集團償付能力、風險管理能力及信息披露制度等方面的監管等。

三、歐盟金融監管的新框架

2010年9月，承載著歐盟金融監管改革重任的《泛歐金融監管改革法案》正式出抬，該法案提出了對歐盟金融監管體系進行全面改革的具體方案，構建了歐盟金融監管的新框架（詳見圖5-4）。具體內容包括以下幾個方面：

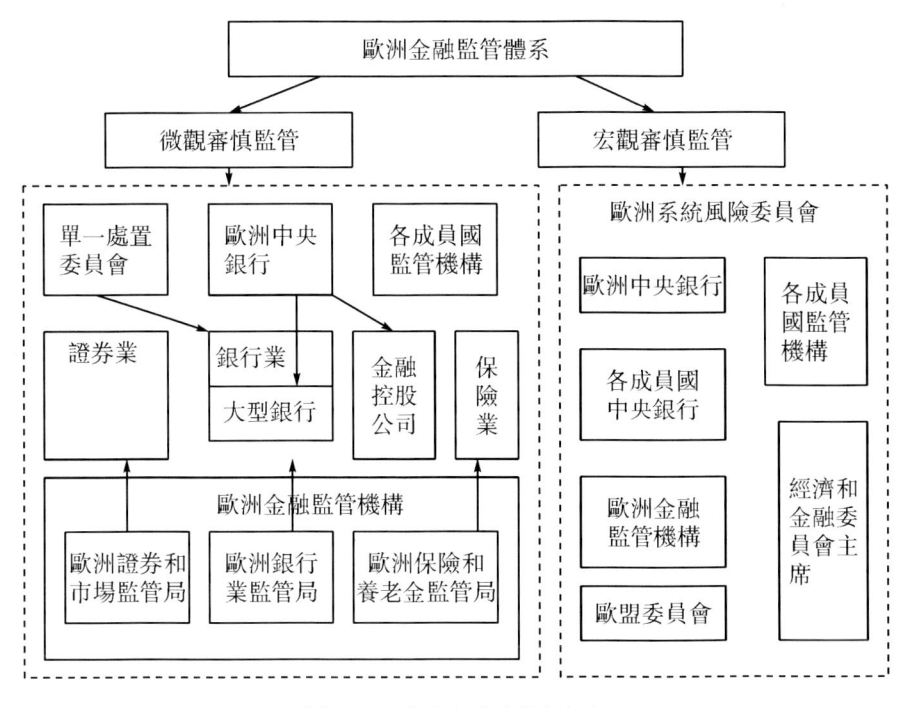

圖5-4 歐盟金融監管新框架

（一）強化宏觀審慎監管，與微觀審慎監管相協調

1. 成立歐洲系統性風險委員會（ESRB），加強宏觀審慎監管

為了加強系統性風險識別與測度，強化宏觀審慎監管，防止發生系統性危機，歐盟專門成立了歐洲系統性風險委員會。

歐洲系統性風險委員會最高管理層是董事會，歐洲中央銀行行長兼任董事會主席，董事會其他成員有歐洲中央銀行正副行長、歐盟各成員國中央銀行行長、歐盟委員會代表、歐盟三家微觀審慎監管機構負責人等，各國監管機構負責人以及經濟與財政委員會主席作為列席代表參加會議。

歐洲系統性風險委員會一方面通過對歐洲金融機構大量數據信息的採集和分析處理，來識別和測度金融系統性風險，履行宏觀審慎監管職能；另一方面

監督歐洲層面的監管局以及各成員國的監管當局的監管工作並提出警告或建議，且對各監管機構建議採納情況進行追蹤評估。

2. 建立歐洲金融監管系統，履行微觀審慎監管職能

歐洲金融監管系統主要包括兩個層級，一是在歐盟層級，在對歐洲銀行業、歐洲證券業和歐洲保險和職業養老金三個委員會進行改組的基礎上，分別成立歐洲銀行業監管局、歐洲證券和市場監管局、歐洲保險和職業養老金監管局三個監管機構；二是在各成員國層面上，由各國監管當局承擔金融機構日常經營的監管。

3. 加強宏觀審慎監管與微觀審慎監管之間的協調與合作

為了提高監管效率，防止監管真空，在歐洲系統性風險委員會與銀行業監管局、證券和市場監管局、保險和職業養老金監管局三家微觀審慎監管機構之間建立了信息溝通與共享渠道，使得歐洲系統性委員會能夠瞭解及掌握有關金融系統的運行情況，以便合理評估金融系統風險，及時採取應對措施。為了加強三家微觀審慎監管機構之間跨行業、跨部門的監管合作，歐盟又專門成立了歐洲監管機構聯合委員會，並由其下設的專門工作組具體負責推動有關跨部門業務的協調與合作。

（二）擴展歐洲中央銀行的職能

1. 歐洲中央銀行的職責從維護幣值穩定轉變為維護金融穩定

隨著金融的發展，金融機構面臨的風險日益增加，面臨的競爭日益殘酷，一旦發生金融危機，其對經濟的破壞力日益增大。因而為減少金融危機對經濟的影響，中央銀行除了實施貨幣政策，維護幣值穩定外，應當更多地承擔起維護金融體系穩定的責任，充分發揮其最後貸款人職能。允許中央銀行創新一些非常規的貨幣政策工具，給金融市場提供資金支持，提高社會公眾對金融市場的信心。

2. 賦予歐洲中央銀行更大的金融監管權力

金融危機發生前，歐洲中央銀行的主要職責是制定和實施貨幣政策來維護歐元貨幣的穩定，其監管職能較弱。新的金融監管框架授予歐洲中央銀行監管系統重要性金融機構的權力，而各國監管當局主要負責對本國非系統重要性的中小銀行的監管，要求各國監管機構加強消費者保護、積極開展反洗錢工作，並接受歐洲中央銀行的指導。在必要的時候，歐洲中央銀行有權接管任何一家存在問題的銀行，以便及時做好風險預防。

（三）加強對歐洲銀行業的監管

為了加強對歐洲銀行業的監管，防範銀行業的危機，歐盟建立了歐洲銀行

業聯盟。歐洲銀行業聯盟主要從單一監管機制、單一處置機制和統一的存款保險機制三方面構建了歐洲銀行業監管框架。2013 年和 2014 年，歐盟就以上三大監管機制相繼通過了相對應的法案，標志著歐洲銀行業聯盟正式運行。歐洲銀行業監管實現了法制化、規範化，大大提高了銀行業監管的效率。

第六章　中國的金融監管體制

中國金融監管體制變革與發展是與中國經濟、金融體制的變革與發展相聯繫的。隨著中國社會主義市場經濟體制的逐步建立和完善，中國的金融監管體制也處在不斷發展和變革之中。

第一節　中國金融體系概況

一、中國金融業分類

近年來，隨著科學技術與金融的高度融合，傳統金融模式逐漸被大量新的金融模式所取代，一些創新性的金融業務活動不斷出現，金融業的分類標準也發生了改變。原有的《國民經濟行業分類》不再滿足現有的統計需求，根據新的《國民經濟行業分類》（GB/T 4754-2017）對金融業統計分類，將金融業分為四大類，分別為貨幣金融服務、資本市場服務、保險業、其他金融業（見表6-1）

表 6-1　　　　　　　　　　中國金融業分類[①]

種類	具體內容
貨幣金融服務	中央銀行服務：中央銀行
	貨幣銀行服務：商業銀行服務、政策性銀行服務、信用合作社服務、農村資金互助社服務、其他貨幣銀行服務。
	非貨幣銀行服務：融資租賃服務、財務公司服務、典當、汽車金融公司服務、小額貸款公司服務、消費金融公司服務、網絡借貸服務、其他非貨幣銀行服務
	銀行理財服務：銀行提供的非保本理財產品服務
	銀行監管服務：中國銀行業監督管理委員會

---

① 資料來源：國家統計局《2017年國民經濟行業分類（GB/T4754-2017）》，2017-9-29.

表6-1(續)

種類	具體內容
資本市場服務	證券市場服務：證券市場管理服務、證券市場經紀交易服務
	公開募集證券投資基金
	非公開募集證券投資基金：創業投資基金、天使投資基金、其他非公開募集投資基金
	期貨市場服務：期貨市場管理服務、其他期貨市場服務
	資本投資服務：經批准的證券投資機構的自營投資、直接投資活動和其他投資活動。
	其他資本市場服務：指投資諮詢服務、財務諮詢服務、資信評級服務，以及其他未列明的資本市場服務。2017年，證券投資諮詢機構有84家，資信評級公司有8家。
	證券期貨監管服務：中國證券監督管理委員會和中國證券投資基金業協會
保險業	人身保險：人壽保險、年金保險、健康保險、意外傷害保險。
	財產保險
	再保險
	商業養老金
	保險仲介服務：保險代理服務、保險經紀服務以及保險公估
	保險資產管理
	其他保險活動
	保險監管：中國保險監督管理委員會
其他金融業	金融信託與管理服務、控股公司服務、非金融機構支付服務、金融信息服務、金融資產管理公司、其他未列明金融業

二、中國的金融機構體系

(一) 中國金融機構體系演變

中華人民共和國成立後，中國的經濟體制從高度集中的計劃經濟、有計劃的商品經濟逐漸轉變到社會主義市場經濟。與中國的經濟發展演變相適應，中國的金融機構體系演變過程體現在以下幾個方面：

1. 大一統的金融機構體系（1949—1978年）

隨著中國解放戰爭的勝利，盡快恢復戰後經濟成為中央政府的首要任務。

與高度集中的計劃經濟相適應，建立集中統一的金融機構體系也被提上議程。1948年12月1日，中央政府決定整合華北銀行、北海銀行和西北農業銀行三家銀行組建成一家新的銀行——中國人民銀行，並由中國人民銀行對全國的金融機構進行接管、整頓，最終建立了高度集中統一的中國人民銀行體系。中國人民銀行作為中國首家金融機構開始對外開展金融業務。

2. 以中國人民銀行為核心，多種類型金融機構並存（1979—1991年）

1983年9月17日，在國務院授權下，中國人民銀行正式履行中央銀行的職能，這意味著中國的中央銀行制度正式建立。同時，為了適應經濟的發展，為國家各項建設籌集資金，中國先後組建了中國農業銀行、中國建設銀行、中國銀行和中國工商銀行，它們並稱為中國四大國有銀行。至此，以中國人民銀行為領導機構，四大國有銀行為主導的金融機構體系已經形成。隨著改革開放的深入，地方經濟蓬勃發展，湧現出了一批地方性的商業銀行，如招商銀行、深圳發展銀行和廣東發展銀行等。與此同時，大量的非銀行金融機構逐步建立，如中國人民保險公司、信託投資公司、財務公司、金融租賃公司、證券公司等。

3. 金融機構改革的深化（1992—2002年）

1993年12月，在國務院直接主導下，中國新一輪金融體制改革正式啟動。通過這次改革，進一步強化了中國人民銀行的中央銀行職能，將國有銀行的政策性業務分離出來組建了政策性銀行，新組建了城市合作銀行和農村合作銀行。中國金融機構體系出現了多元化趨勢，大大提升了金融服務實體經濟的能力。

4. 國有商業銀行的股份制改革（2003年至今）

加入WTO以來，中國金融開放程度進一步加大，外資銀行紛紛進入中國，中國商業銀行面臨巨大挑戰。為了提高中國商業銀行競爭力，尤其是國有商業銀行的國際競爭力，中國啟動了國有獨資商業銀行改革，並確立了國有獨資商業銀行的改革方向是按現代金融企業的屬性進行股份制改造。2005—2010年，國有四大商業銀行先後完成股份制改革，並成為上市公司。在此期間，農村信用社改革試點工作有序推進，一些新型農村金融機構也紛紛建立，如村鎮銀行、貸款公司、農村資金互助社等。

（二）中國金融機構體系框架

按照2009年中國人民銀行編製的《金融機構編碼規範》，中國金融機構分為貨幣當局、監管當局、銀行業存款類金融機構、銀行業非存款類金融機構、證券業金融機構、保險業金融機構、交易及結算類金融機構、金融控股公

司和其他（見表6-2）。

綜上所述，中國的金融機構體系是以中國人民銀行為領導，五大商業銀行為主幹，多種類型的金融機構為補充的多元化的機構體系。

表 6-2　　　　　　　　　　金融機構體系組成①

金融機構	具體內容
貨幣當局	中國人民銀行和國家外匯管理局
監管當局	銀監會、證監會、保監會以及各地金融辦
銀行業存款類金融機構	銀行：國家開發銀行、政策性銀行、大型商業銀行、股份制銀行、城市商業銀行、農村商業銀行、民營銀行、郵政儲蓄銀行、農村合作銀行
	農村信用社
	農村資金互助社
	財務公司
銀行業非存款類金融機構	信託公司、金融資產管理公司、金融租賃公司、汽車金融公司、貸款公司、貨幣經紀公司、消費金融公司
證券業金融機構	證券公司、證券投資基金管理公司、期貨公司、投資諮詢公司等
保險業金融機構	財產保險公司、人身保險公司、再保險公司、保險資產管理公司、保險經紀公司、保險代理公司、保險公估公司、企業年金
交易及結算類金融機構	交易所：證券交易所、商品期貨交易所、上海有色金融期貨交易所、上海黃金交易所、上海票據交易所、上海保險交易所等
	登記結算機構：CFETS、中債登、上清所、中證登、中證報價、銀登中心、理財登記中心、中信登、中國銀聯、網聯清算有限公司等。
金融控股公司	中央金融控股公司和其他金融控股公司
其他	小額貸款公司、典當行、融資擔保公司等

三、中國的金融市場

以來，中國金融市場不斷發展壯大。目前，中國已經形成了一個由多層級的交易場所、日益豐富的交易產品、靈活多樣化的交易機制融為一體的金融市

---

① 資料來源：國家統計局，《2027年國民經濟行業分類（GB/T4754-2017）》，2017-9-29.

場體系。金融市場已經涵蓋了以票據、股票、債券、外匯、黃金、期貨、金融衍生品等為主要交易品種的多層次的市場。

(一) 貨幣市場

中國貨幣市場起步較早，在 20 世紀 80 年代就分別建立了國債市場、同業拆借市場、票據貼現市場、大額可轉讓存單市場。但由於體制落後、機制不靈活，投資者觀念落後等原因，貨幣市場的各個子市場發展都經歷了大起大落。直到 20 世紀 90 年代末，中國的貨幣市場才得到規範化的發展。

1. 同業拆借市場

1996 年，為了改變同業拆借市場分割、不規範化的狀態，中國人民銀行建立了全國集中統一的同業拆借市場。經過 20 多年的發展，同業拆借市場步入統一、規範、高效的發展軌道，市場交易主體不斷增多，市場交易規模不斷擴大，市場運行效率不斷提高。2017 年，同業拆借累計成交 79 萬億元，日均成交 3,147 億元，同比下降 17.7%。基於同業拆借市場形成的 Shibor 利率已經成為中國金融市場重要的基準利率。從表 6-3 可以看出，中資大型銀行是資金融出方的主體。2017 年大型銀行經回購和拆借淨融出資金 162.1 萬億元，占市場總體淨融出資金量的 99.5%。而其他金融機構及產品、證券業機構是主要的資金融入方，其他金融機構及產品全年淨融入 91.9 萬億元，占市場淨融入資金的 56.4%，占比較 2016 年高 6.5 個百分點；證券業機構全年淨融入 58.6 萬億元，占市場淨融入資金的 35.9%，占比較 2016 年高 6 個百分點[①]。

表 6-3 2017 年金融機構回購、同業拆借資金淨融出、淨融入情況

單位：億元

金融機構	回購		同業拆借	
	2017	2016	2017	2016
中資大型銀行①	-1,450,764	-1,953,274	-170,598	-237,311
中資中小型銀行②	49,838	356,213	23,490	19,786
證券業機構③	465,915	490,116	119,990	175,790
保險業機構④	-8,761	-31,443	77	97
外資銀行	49,185	70,702	2,295	-270
其他金融機構及產品⑤	894,587	1,067,686	24,747	41,909

註：①中資大型銀行包括工商銀行、農業銀行、中國銀行、建設銀行、國家開發銀行、交通

---

① 金融市場運行概況詳細數據見中國人民銀行 2017 年第四季度中國貨幣政策執行報告。

銀行、郵政儲蓄銀行。②中資中小型銀行包括招商銀行等 17 家中型銀行、小型城市商業銀行、農村商業銀行、農村合作銀行、村鎮銀行。③證券業機構包括證券公司和基金公司。④保險業機構包括保險公司和企業年金。⑤其他金融機構及產品包括城市信用社、農村信用社、財務公司、信託投資公司、金融租賃公司、資產管理公司、社保基金、基金、理財產品、信託計劃、其他投資產品等，其中部分金融機構和產品未參與同業拆借市場。⑥負號表示淨融出，正號表示淨融入。

數據來源：中國外匯交易中心

2. 銀行間債券市場

中國的銀行間債券市場建立於 1997 年，起初主要是各個商業銀行使用國債、中央銀行融資券和政策性金融券在銀行間進行回購和現券交易，並將債券託管在中央登記結算公司。經過二十幾年的發展，中國銀行間債券市場，在市場交易主體、交易產品、交易規模、運行機制等方面有了創新性的發展，為中國多層次金融市場建設注入了新鮮血液。

首先，銀行間債券市場參與主體範圍不斷增大。2010 年前，中國銀行間債券市場相對比較封閉，其參與主體僅僅局限在境內的各類金融機構和非金融機構投資者。2010 年後，中國銀行間債券市場開放程度逐步提高，其參與主體逐步擴大到包括國際金融機構、主權財富基金、港澳清算行、境外央行、境外參加行、境外保險機構和 RQFII 試點機構等境外機構。2016 年又進一步將銀行間債券市場向企業、個人投資者以及所有符合條件的境外機構投資者開放，並取消境外機構投資者的投資額度限制。至此，一個包含境內外各類型投資者的場外債券市場已經形成。

截至 2017 年年末，銀行間市場各類參與主體共計 18,681 家，較上年末增加了 3,437 家。其中，境內法人類機構 2,665 家，較上年末增加 235 家；境內非法人類機構 15,458 家，較上年末增加了 2,999 家；境外機構投資者 617 家，較上年末增加了 210 家①。

其次，交易品種日益豐富。銀行間債券市場成立之初僅有國債和政策性金融債兩個品種。隨著銀行間債券市場市場化改革的推進，銀行間債券市場交易品種日益多元化。一是非金融企業在銀行間債券市場創新性地發行了多種公司信用類債券，解決了非金融企業資金需求過度依賴銀行的問題。這些公司信用類債券有超短期和短期融資券、中期票據業務、中小非金融企業集合票據、中小企業區域集優票據和非公開定向債務融資工具等；二是商業銀行在銀行間債券市場創新性地發行了多種金融債券，進一步增加了商業銀行籌集資本金的渠道，這些金融債券包括次級債券、普通商業銀行債券、混合資本債券、同業存

---

① 2017 年金融市場運行情況. 中國人民銀行網站（http://www.pbc.gov.cn/）.

單；三是一些國際開發機構在中國銀行間債券市場發行熊貓債券。如國際金融公司、亞洲開發銀行、境外非金融企業都是中國銀行間債券市場的重要發行主體；四是以利率為標的的金融衍生品不斷推出。比如發行了債券遠期、人民幣利率互換、遠期利率協議等多種類型的利率衍生金融產品。

3. 票據市場

中國票據市場有著 30 多年的發展歷史，隨著中國票據市場的不斷改革與發展，其在中國金融市場體系的地位越來越重要，在中國經濟的發展過程中發揮了重要作用。中國票據市場在市場規模、交易主體、票據業務創新等方面都得到了長足的發展。

首先，票據市場交易規模日益增長。2002 年以來，中國票據市場無論是一級市場的承兌簽發量還是二級市場的貼現、轉貼現規模均呈現爆發式增長。2002 年，銀行承兌匯票簽發量僅僅為 1.61 萬億元，到 2015 年已經增長到 22.40 萬億元，同期，餘額從 7,400 億元增長到 10.40 萬億元，票據貼現量（含直貼和轉貼）從 2.31 萬億元增長到 102.10 萬億元[①]。2016 年以來，在金融去槓桿、監管趨嚴的政策影響下，票據市場的發展逐步迴歸理性，票據業務量增幅趨於合理。

其次，票據市場參與主體日益多元化。中國票據市場發展初期，國有大型商業銀行和少量的大型企業是主要的參與者。隨著票據市場的發展，其參與主體逐步增加到其他銀行業金融機構和非銀行業金融機構，且非銀行業金融機構日益成為票據市場上異常活躍的交易主體。

最後，票據市場業務產品創新不斷湧現。近幾年來，隨著網絡信息技術的發展，全國性和區域性的票據交易平臺已經建立起來了，這就為票據市場的發展和票據業務創新提供了良好的條件。票據市場陸續開發出新的票據業務品種，如票據證券化業務、票據資產管理、票據代理經紀業務、票據託管、電商票據批量融資業務和票據衍生品業務等。

(二) 資本市場

中國資本市場發展時間雖然並不長，但中國資本市場的規模、種類、交易品種創新等方面都取得了長足的進步，尤其是黨的十八大以來，中國資本市場進入了快速發展階段。目前，中國資本市場已經初步形成了包含主板、中小板、創業板、新三板和地方性的股權交易市場、券商櫃臺交易市場、債券市場、金融期貨市場、商品期貨市場等在內的多層次的資本市場，極大地促進了

---

① 崔衛紅. 中國票據市場發展現狀、問題及對策建議 [J]. 華北金融, 2016 (9).

國民經濟的發展。

1. 資本市場規模得到迅速增長

從股票市場規模看，截至 2017 年年末，股票市場市值達到 567,475.37 億元，上市公司數達到 3,485 家。在債券市場上，2017 年年末，國內各類債券餘額 74.4 萬億元，同比增長 16.6%[1]。中國商品期貨市場交易品種已經涵蓋國際期貨市場上的所有交易品種，滿足了各類投資者的需求。另外，中國的金融期貨市場發展也很快。

2. 資本市場服務於實體經濟的能力日益增強

隨著資本市場的發展，中國企業的融資渠道日益多樣化，銀行和企業的資產負債結構得到進一步優化。2017 年，滬、深股市累計成交 112.5 萬億元，日均成交 4,609 億元，2017 年境內各類企業和金融機構在境內外股票市場上通過發行、增發、配股、權證行權等方式累計籌資 1.2 萬億元[2]。中國多層次資本市場的發展，很好地適應了不同類型的企業資金需求，資本市場的發展為實體經濟的發展提供了持續不斷的動力。

3. 資本市場改革的不斷推進

2004 年，在國務院的主導下，中國資本市場改革開啓了新的徵程。國務院專門出抬文件指導資本市場的改革。在文件中國務院就未來資本市場改革目標、方向和具體任務進行了全面部署，為中國資本市場的進一步改革與發展指明了道路。

（1）啓動股權分置改革

股權分置問題是中國資本市場的特有現象，也是制約中國資本市場發展的重要因素。股權分置問題的長期存在，使得中國股票市場「一股獨大」以及股東之間的利益不平衡等問題比較突出。為了徹底解決股權分置問題，2005 年 4 月 29 日，中國啓動了股權分置改革，並在總結股權分置改革試點經驗的基礎上，全面推進股權分置改革工作。通過股權分置改革的實施徹底解決了上市公司股東「同股不同權」「同股不同價」的問題，優化了上市公司股權結構，促進了資本市場的平穩發展。

（2）提升上市公司質量

上市公司質量是資本市場長期可持續發展的基礎，是資本市場價值投資的重要保證。但是，中國資本市場優質上市公司較少，且存在虛假信息披露、財

---

[1] 金融市場運行概況詳見中國人民銀行 2017 年第四季度中國貨幣政策執行報告。
[2] 金融市場運行概況詳見中國人民銀行 2017 年第四季度中國貨幣政策執行報告。

務造假、公司治理不規範等問題。2005年以來，中國證監會就如何提高上市公司質量開展了一系列專項整治行動，對內幕交易、虛假信息、大股東侵占上市公司資金、關聯交易等違法違規行為進行了嚴厲打擊，不斷強化對上市公司控股股東和實際控制人行為的監管。近年來，證監會又在健全上市公司監管體制、加強信息披露、完善公司治理、創建股權激勵機制和推進市場化併購重組等方面做出了許多制度安排，對上市公司的經營管理進行了嚴格規範，極大地提高了上市公司質量。

（3）對證券公司開展綜合治理

2004年前後，隨著證券市場結構的調整和監管改革的深入，證券公司經營中存在的各種違法違規問題日益顯露，證券行業風險日益顯現，整個行業發展遇到極大挑戰。為從根本上解決證券行業長期存在的問題，中國證監會展開了為期三年的綜合治理工作，為證券行業進行了一次較為徹底的大掃除，綜合治理取得明顯效果。具體表現在：證券公司數量減少但質量得到提升；證券公司業務創新能力提升，業務實現了多元化，抵禦風險能力提高；證券公司信用度明顯提高等。

（4）股票發行體制改革

2001年3月，新股發行核准制正式施行，確立了以強制性信息披露為核心的事前問責、依法披露和事後追究的責任機制，同時股票市場化定價機制逐步形成。隨著股票市場的發展，股票發行制度缺陷日益顯現，證監會著力在新股申購、發行審核條件、併購重組、證券仲介監管和投資者保護等方面改革和完善股票發行制度，為推行註冊制創造條件。

4. 擴大資本市場開放程度

改革開放以來，中國一直遵循循序漸進的方式推動中國資本市場的改革和雙向開放，資本市場的發展為中國經濟發展注入了持續發展的動力。中國資本市場的雙向開放，為中國資本市場「走出去」和「引進來」提供了便利條件，實現了資源在全球的優化配置。特別是近年來，中國資本市場雙向開放不斷取得了歷史性的突破（見表6-4）。

表 6-4　　　　　　　　　　中國資本市場開放情況

市場類型	時間	具體內容
股票市場	2003 年 7 月	引入 QFII 制度，到 2017 年 5 月為止，獲得 QFII 資格機構有 312 家
	2011 年 12 月	開展 RQFII 制度試點，一年後投資額度增至 2,700 億元，截至 2017 年 5 月獲得 RQFII 資格的機構有 221 家
	2014 年 11 月	滬港通開通，中國內地和香港投資者在規定範圍內購買對方交易所上市的股票
	2016 年 12 月	進一步開放深港通
	2017 年 6 月	2018 年中國 A 股將正式納入 MSCI 新興市場指數和全球基準指數
債券市場	2015 年 7 月	境外機構（境外央行、國際金融組織、主權財富基金）在備案完成後，在中國銀行間債券市場投資規模不受限制
	2016 年 5 月	向符合條件的境外機構投資者開放銀行間債券市場
	2017 年 3 月	人民幣債券市場被納入國際債券指數
	2017 年 5 月	內地和香港債券市場實現「債券通」，境外投資者將不再需要大陸境內的保管人代為清算

第二節　中國金融監管體制的演進與發展

一、中國金融監管體制的演進

改革開放以來，中國金融體制改革不斷深入，有關金融監管制度的改革也日益推進。經過三十多年的改革與發展，中國的金融監管體制日益完善，對金融風險的防範和化解做出了重要貢獻，其發展演變體現在以下幾個方面：

（一）中國人民銀行統一監管時期（1978—1992）

改革開放前，中國金融監管制度還沒有真正建立起來。隨著改革開放的深入，中國的金融體系結構出現了非常大的變化，加強對於金融業的監管被提上了議事日程。1983 年 9 月，中國的中央銀行制度正式建立，中國人民銀行被賦予中央銀行的職能，負責對整個金融業進行監管。中國人民銀行採取定期報告、年度檢查、評級制度、現場檢查和非現場檢查相結合等多種方式，對金融業進行監管管理，確保金融業的基本穩定。

（二）分業金融監管時期（1993年至今）

隨著金融業的發展，金融機構種類日益增多，業務種類不斷擴大，集中監管體制已經不能適應金融業發展的需要。1993年年底，中國開始進行金融體制改革，這一輪金融體制改革的重要成果就是確立了中國分業監管體制的基本框架。體現在：1998年6月和11月，中國證券監督管理委員會和中國保險監督委員會分別成立，專門承擔原來由中國人民銀行承擔的證券監管權和保險監管權。2003年又專門成立了中國銀行業監督管理委員會，代替中國人民銀行來承擔對銀行業金融機構的監管職能。至此，中國人民銀行的監督管理職能全部分離出來了，中國分業監管體制正式建立起來了。中國人民銀行的主要職能轉化為制定和實施貨幣政策，並維護金融體系的穩定，同時協調「三會」的監管。

二、中國金融監管體制的基本框架

2003年以後，中國形成了以中國人民銀行為監管協調機構，銀監會、證監會、保監會分別負責監管銀行業、證券業和保險業的分業監管體制（見圖6-1）。

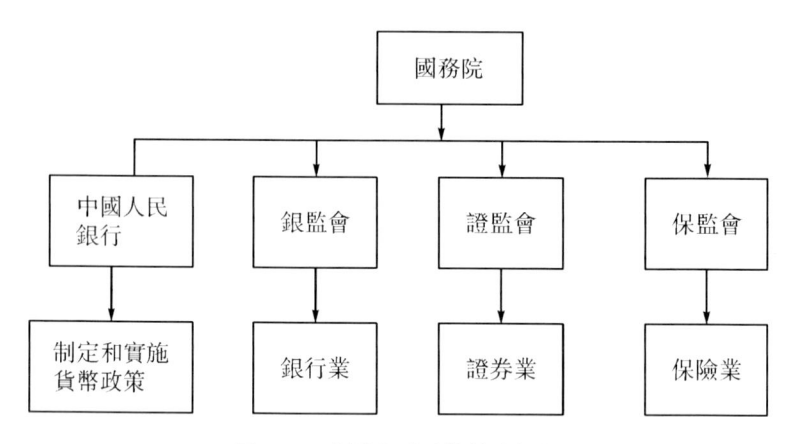

圖6-1　中國金融監管基本框架

（一）中國人民銀行

中國人民銀行的發展經歷了以下幾個階段：

1. 創立階段（1948—1952年）

中國人民銀行最早於1948年12月1日在河北石家莊成立，並於1949年2月遷入北平。這一時期，中國人民銀行的主要職責是統一貨幣發行，接管官僚資本銀行，整頓私人金融企業，建立了直線型的組織機構體系。

2. 計劃經濟時期的國家銀行（1953—1978年）

這一時期，中國人民銀行主要是為國家建設籌集資金並進行合理分配，是計劃經濟時期資金融通的主要渠道。中國人民銀行除了經營銀行業務外，還承擔著全國金融管理的任務。

3. 由國家銀行到中央銀行的過渡（1979—1992年）

1984年1月1日，中國人民銀行正式成為中國的中央銀行，其主要職責是制定和實施金融管理政策，加強信貸總量控制和資金調節，穩定貨幣價值。

4. 中央銀行職能的不斷完善與強化（1993年至今）

1993年，為了貫徹國務院《關於金融體制改革的決定》的政策要求，中國人民銀行的職能進一步優化，原來承擔的政策性業務和商業銀行業務被分離出來，以強化其宏觀調控和監管的職能。後來，伴隨著證監會、保監會和銀監會的陸續建立，中國人民銀行的監管職能也被分離出來。經過這一系列改革，中國人民銀行作為中國的中央銀行的職能更能充分發揮，其宏觀調控的職能更加突出。

總的來說，在中國人民銀行的發展歷史上，其職能出現了兩次較為重要的變化。一是中國人民銀行不再開展商業銀行業務並在國務院授權下正式成為中國的中央銀行，其職能轉變為制定和執行貨幣政策、實施宏觀調控、開展金融服務以及對整個金融業進行監管。二是2003年後，在保監會、證監會和銀監會陸續建立後，中國人民銀行的監管職能被分離出來，其主要職責轉化為制定和實施貨幣政策、維護金融體系的穩定和提供金融服務。另外，為了提高中國人民銀行的獨立性，提高貨幣政策和金融監管的有效性，中國人民銀行進行了管理體制改革，包括撤銷省級分行建制，跨省（自治區、直轄市）設立了九家分行和北京、重慶兩個營業部。2005年8月，中國人民銀行又在上海設立中國人民銀行上海總部。

（二）銀監會

中國銀行業監督委員會成立於2003年4月28日。銀監會的成立，一方面解決了銀行業監管水準不高、專業性不強以及效率低下問題。另一方面，有利於中國人民銀行充分發揮宏觀調控的職能，確保宏觀調控目標的實現。

銀監會主要對包括商業銀行、政策性銀行、信託公司等在內的所有金融仲介機構進行監管。其監管的主要目標是預防銀行業風險、保證銀行業穩定以及存款者利益不受損害。其主要職責是擬定銀行業監管的有關規章制度、審批銀行機構及其分支機構的設立、檢查稽核銀行業金融機構的日常經營活動以及對

銀行業金融機構風險狀況進行分析評估。①

（三）證監會

分業監管體制初期，證券業監管由國務院證券委員會和中國證券監督管理委員會共同實施。隨著1998年4月國務院證券委員會與中國證券監督委員會兩部門的合併，中國證券業進入了由中國證券監督管理委員會集中統一監管的階段。

證監會監管的主要內容包括負責證券市場監管有關法律、法規的制定和實施；對證券發行、交易、結算等全過程進行監管；對從事證券經營業務及仲介服務的證券機構的設立、經營等方面進行監管；對證券從業人員進行監管；查處證券市場發生的違法違規行為等。②

（四）保監會

1998年11月18日，中國保險監督委員會（簡稱保監會）正式成立。中國保險監督管理委員會的成立，實現了保險業的統一監管，提高了保險業監管能力，加強了保險業風險防控能力，有利於維護保險業的穩定。

保監會的主要職責是依照《中華人民共和國保險法》對保險業實施監督管理，維護保險市場穩定，保護保險市場各參與人的合法利益。監管內容主要包括：制定有關保險業監管的法律、法規、保險條款及費率；對境內外保險仲介機構及其分支機構的設立及其退出機制實施監管；對從事保險業務人員進行資格審查；對保險公司的償付能力和市場行為進行監管；強化保險業信息披露制度；構建保險風險評價、預警和監控體系以便及時追蹤、評價保險市場運行狀況等。③

第三節　中國銀行業監管

一、中國銀行業監管體制的演變

改革開放以來，中國銀行業迅速發展，金融機構種類日益增多。與之相適

---

① 《中華人民共和國銀行業監督管理法》，2004.2.1，中國銀監會（http://www.cbrc.gov.cn）。
② 《中華人民共和國證券法》（2005年修正本），2005.10.27，中國證監會（http://www.csrc.gov.cn）。
③ 《中華人民共和國保險法》（2015年修正本），2015.4.24，中國保監會（http://www.circ.gov.cn）。

應，中國銀行業監管也經歷了從無到有再到逐步完善的過程，其發展過程大體可以分為以下四個階段：

一是「大一統」銀行體制階段（1978—1983年）。這一階段，中國人民銀行成為中國唯一真正的商業銀行，將銀行的經營與管理綜合在一起。但還沒有建立真正意義上的銀行監管機構。

二是「二元銀行體制」階段（1984—1992年）。這一階段，四大國有銀行先後成立，中國人民銀行正式成為中國的中央銀行，主要集中於宏觀調控與金融監管職能，據此，中國「二元銀行體制」正式形成。也意味著中國人民銀行成為唯一的金融監管機構，負責對整個金融業的監管。

三是分業監管架構探索階段（1993—2002年）。這一階段，證監會和保監會相繼成立，分別承擔證券業和保險業的監管職能，而銀行業的監管仍由中國人民銀行執行，分業監管的架構逐步明晰起來。同時，對銀行業監管的改革正在逐步推進。

四是銀監會全面監管銀行業階段（2003年以後）。2003年，隨著中國銀行監督委員會的成立，中國銀行業監管進入銀監會監管的時代，也意味著中國分業監管體制的正式建立。銀監會建立以後，立足於中國實情，密切跟蹤國際金融監管的趨勢，借鑑國際監管的經驗，不斷完善中國的銀行業監管框架，由此開啓了以風險為本的銀行業監管實踐。

五是銀行保監會監管階段（2018年以後）。2018年4月8日，按照國務院機構改革的要求，銀行業監督委員會和保險業監督委員會正式合併，銀行業監管由新組建的銀行保險監管委員會負責。

二、中國銀行業監管的實踐

（一）加強監管制度建設，不斷完善監管法律法規

銀監會建立以前，主要由中國人民銀行負責對銀行業的監管。銀監會建立以來，始終堅持「管法人、管風險、管內控、提高透明度」的監管新思想。經過十幾年的監管實踐，形成了以《中華人民共和國銀行業監督管理法》和《中華人民共和國商業銀行法》為核心，以各種監管法律、法規為主要內容的有效銀行監管法律體系。這些法律法規包含銀行業金融機構的市場准入、銀行業金融機構的風險管理、銀行業金融機構的公司治理、銀行業金融機構的透明度等方方面面（見表6-5）。

表 6-5　　　　　　　　中國銀監會有關銀行業監管的文件[①]

文件類型	發布時間	監管文件內容
風險管理	2007. 2. 28	中國銀監會關於印發《中國銀行業實施新資本協議指導意見》的通知
	2007. 5. 14	中國銀監會關於印發《商業銀行操作風險管理指引》的通知
	2009. 8. 25	中國銀監會關於印發《商業銀行聲譽風險管理指引》的通知 銀監發〔2009〕82 號
	2009. 9. 28	中國銀監會關於印發《商業銀行流動性風險管理指引》的通知 銀監發〔2009〕87 號
	2010. 2. 12	《個人貸款管理暫行辦法》中國銀行業監督管理委員會令 2010 年第 2 號
	2010. 2. 12	《流動資金貸款管理暫行辦法》中國銀行業監督管理委員會令 2010 年第 1 號
	2010. 6. 8	中國銀監會關於印發《銀行業金融機構國別風險管理指引》的通知 銀監發〔2010〕45 號
	2016. 9. 27	中國銀監會關於印發《銀行業金融機構全面風險管理指引》的通知 銀監發〔2016〕44 號
	2017. 4. 7	中國銀監會《關於銀行業風險防控工作的指導意見》銀監發〔2017〕6 號
公司治理和內控監管	2014. 9. 12	中國銀監會《關於印發商業銀行內部控制指引的通知》銀監發〔2014〕40 號
	2018. 2. 2	中國銀監會辦公廳關於做好《商業銀行股權管理暫行辦法》實施相關工作的通知　銀監辦發〔2018〕48 號
透明度監管	2007. 7. 3	《商業銀行信息披露辦法》中國銀行業監督管理委員會令 2007 第 7 號
	2009. 11. 7	中國銀監會關於印發《商業銀行資本充足率信息披露指引》的通知 銀監發〔2009〕97 號
	2015. 12. 17	中國銀監會關於印發《商業銀行流動性覆蓋率信息披露辦法》的通知 銀監發〔2015〕52 號

---

① 資料來源：中國銀行保險監督管理委員會網站（http://www.cbrc.gov.cn）。

特別是 2017 年以來，針對金融業脫實向虛問題的日益突出、金融領域風險日益增加的現實，中國銀監會專門出抬相關文件（詳見表 6-6），對銀行業金融機構存在的違法違規行為、各種套利行為、各種不當行為以及各種金融亂象加大了查處力度，有力地維護了銀行業的正常經營秩序。

表 6-6　　　　　　　　　　2017 年中國銀監會監管文件[①]

監管內容	發布時間	監管文件
「三違反」	2017.3.28	中國銀監會辦公廳發布了《關於開展銀行業「違法、違規、違章」行為專項治理工作的通知》（銀監辦發〔2017〕45 號）
「三套利」	2017.3.28	中國銀監會發布了《關於開展銀行業「監管套利、空轉套利、關聯套利」專項治理工作的通知》（銀監辦發〔2017〕46 號）。
「四不當」	2017.4.11	中國銀監會發布了《關於開展銀行業「不當創新、不當交易、不當激勵、不當收費」專項治理工作的通知》（銀監辦發〔2017〕53 號）
整治金融亂象	2017.4.7	中國銀監會印發了《關於集中開展銀行業市場亂象整治工作的通知》（銀監發〔2017〕5 號）
補短板	2017.4.10	中國銀監會《關於切實彌補監管短板提升監管效能的通知》（銀監發〔2017〕7 號）
風險防控	2017.4.7	中國銀監會《關於銀行業風險防控工作的指導意見》（銀監發〔2017〕6 號）

（二）不斷創新銀行業監管方式和手段

中國銀監會除了採用國際上常用的審慎監管辦法外，在監管過程中主動融入現代科學技術，不斷創新監管方法和手段。在銀行貸款風險管理方面，創新性地提出了貸款偏離度、貸款遷徙率和同質同類比較等監管指標來評估銀行的貸款風險；在銀行業的風險分析和預警能力評價方面，銀監會創新性地研發了銀行業非現場監管信息系統、違約客戶風險監測系統、銀行風險早期預警系統等系統，廣泛應用於銀行業的監管實踐中。在市場准入方面，對於機構准入，堅持風險為本，而對於業務准入，遵循審慎監管原則。銀行業機構退出和風險處置機制方面，建立了包含信託公司、財務公司、城市商業銀行等在內的金融機構的風險處置機制。

（三）以資本和流動性監管為抓手，提高銀行經營穩健性

按照巴塞爾監管委員會有關監管規則和國內外的監管實踐，銀監會制定了

---

① 資料來源：中國銀行保險監督委員會網站（http://www.cbrc.gov.cn）。

有關資本和流動性監管的標準,並不斷加以補充和完善。

在資本監管方面,2004年3月1日,中國銀監會根據巴塞爾資本協議Ⅰ、Ⅱ的有關內容,結合中國銀行業的現實狀況,發布並開始實施中國版的巴塞爾協議Ⅱ——《商業銀行資本充足率管理辦法》。該辦法一方面對商業銀行資本充足率的計算方法和信用風險資本要求計算做了改進;另一方面提出在適當時機要考慮市場風險的資本要求,即對於交易資產超過一定總量或比例的商業銀行需要計提市場風險資本,並對附屬資本的內涵做了詳細規定。2007年,中國銀監會對《商業銀行資本充足率管理辦法》進行了修改和完善,使之更具有操作性。2008年金融危機後,為了順應國際金融監管改革趨勢,銀監會在認真借鑑國際金融監管改革成果的基礎上,制定了切合中國銀行實際的《商業銀行資本管理辦法(試行)》(簡稱《資本辦法》)。《資本辦法》較為系統、全面地就資本充足率監管,信用風險、市場風險、操作風險等風險監管以及信息披露監管等方面提出了嚴格的標準和要求。

在流動性監管方面,起初銀監會主要通過規定存貸款比例、核心負債依存度、流動性比例等監管指標值來對流動性風險進行嚴格監管。後來,隨著銀行業金融機構金融產品創新的大量出現和銀行業流動性風險日益增加,銀監會又新增了資產或負債集中度、貨幣錯配程度、負債加權平均期限等流動性風險內部預警指標來評價銀行的流動性,大大提高了銀行流動性監管能力。金融危機後,根據《巴塞爾協議Ⅲ》的有關規定和順應金融監管國際化趨勢,中國銀監會將流動性覆蓋率和淨穩定融資比率添加到流動性監管指標體系中,中國銀行流動性風險管理水準進一步提高。

從表6-7可以看出,隨著銀行業監管的不斷強化和監管方式、方法的不斷創新,中國銀行業整體風險可控,銀行業的穩健程度進一步提高,各項監管指標都處在正常範圍內。但也應當警惕銀行業不良貸款率在逐漸提高而帶來的風險。

表6-7 　　　　　　　　　商業銀行主要監管指標

時間 指標	2010年	2011年	2012年	2013年	2014年	2015年	2016年	2017年
1. 信用風險指標								
不良貸款率	1.1%	1.0%	0.95%	1%	1.25%	1.67%	1.74%	1.74%
貸款損失準備	9,438 億元	11,898 億元	14,564 億元	16,740 億元	19,552 億元	23,089 億元	26,676 億元	30,944 億元
撥備覆蓋率	217.7%	278.1%	295.5%	282.7%	232.1%	181.2%	176.4%	181.42%

表6-7(續)

時間 指標	2010年	2011年	2012年	2013年	2014年	2015年	2016年	2017年
2. 流動性指標								
流動性比例	42.2%	43.2%	45.83%	44.03%	46.44%	48.01%	47.55%	50.03%
存貸比	64.5%	64.9%	65.31%	66.08%	65.09%	67.24%	67.61%	70.55%
人民幣超額備付金率	3.2%	3.1%	3.51%	2.54%	2.65%	2.1%	2.33%	2.02%
流動性覆蓋率								123.26%
3. 資本充足率指標								
核心資本充足率	10.1%	10.2%	10.62%	9.95%	10.56%	10.91%	10.75%	10.75%
資本充足率	12.2%	12.7%	13.25%	12.19%	13.18%	13.45%	13.28%	13.65%
槓桿率							6.25%	6.48%
4. 市場風險指標								
累計外匯敞口頭寸比例	6.7%	4.6%	3.92%	3.68%	3.5%	3.67%	3.54%	2.54%

註：中國自2013年1月1日起施行《商業銀行資本管理辦法（試行）》（以下稱《新辦法》），原《商業銀行資本充足率管理辦法》同時廢止。因此，自2013年1季度起，表中披露的資本充足率相關指標調整為按照《新辦法》計算的數據結果，與歷史數據不直接可比。由於《新辦法》下資本充足率的計算方法更趨嚴格，比如新增操作風險資本要求、對合格資本工具採用更嚴格定義、對信用風險權重進行調整、取消市場風險的計算門檻等因素，按《新辦法》計算的資本充足率總體有所下降。

數據來源：根據中國銀監會網站統計數據整理。

（四）強化銀行業風險監控，防止發生系統性風險

金融危機過後，系統性金融風險監控日益受到國際社會的高度重視，中國也及時借鑑國際經驗，陸續制定了一些新的金融法規，以強化系統性金融風險的監控。這些金融監管法規涉及商業銀行的槓桿率監管、流動性風險監管、資本監管等方方面面。這些法規的核心內容就是為了控制金融系統性風險和提高中國整個金融體系的穩健性。金融危機發生以來，為了應對金融危機，中國採取了較為寬鬆的貨幣政策以及強有力的經濟刺激政策。這些政策的實施，一方面對中國經濟的復甦起了十分重要的作用，但另一方面也增加了中國經濟、金融體系的風險。為了守住不發生系統性金融風險的底線，2017年4月10日，銀監會對銀行業風險防控工作進行了具體部署，並確定了銀行業風險排查的重點領域。這些重點領域既涉及傳統領域的風險，如信用風險、流動性風險、房地產領域風險、地方政府債務違約風險等；又涉及非傳統領域的風險，如債券

波動風險、交叉金融產品風險、互聯網金融風險、外部衝擊風險等。[①]

(五) 加強銀行業監管的國內外合作

銀監會在具體的監管實踐中非常注重與國內宏觀經濟部門、其他金融監管部門以及其他經濟體的監管當局之間的監管合作。其中，銀監會、證監會、保監會三會之間以簽署合作備忘錄的形式建立了「三方協調合作機制」，提高了跨業監管的效率；在國際監管合作方面，截至2015年年底，銀監會先後與包括美國、英國、加拿大、德國等在內63個國家和地區的金融監管當局簽訂了監管合作諒解備忘錄和合作協議，大大提高了跨境監管水準。除此之外，銀監會還參與了國際金融監管改革的研究和制定工作，為國際金融監管改革做出了積極貢獻（見表6-8）。

表6-8 銀監會簽署的雙邊監管合作諒解備忘錄和監管合作協議一覽表

(MOUs and SOCs with Overseas Regulators)

序號	機構名稱	Overseas Regulators	Country/Region	生效時間
1	澳門金融管理局	Monetary Authority of Macao	Macao SAR	2003年8月22日
2	香港金融管理局	Hong Kong Monetary Authority	Hong Kong SAR	2003年8月25日
3	韓國金融監督委員會	Financial Supervisory Commission	Korea	2004年2月3日
4	新加坡金融管理局	Monetary Authority of Singapore	Singapore	2004年5月14日
5-1	美聯儲	Board of Governors of the Federal Reserve System (FED)	US	2004年6月17日
	美國貨幣監理署	Office of the Comptroller of the Currency (OCC)		
	美國聯邦存款保險公司	Federal Deposit Insurance corporation (FDIC)		
5-2	美國加利福尼亞州金融廳	California Department of Financial Institutions		2007年11月6日
5-3	美國紐約州銀行廳	New York State Banking Department		2009年5月7日
6	加拿大金融機構監管署	Office of the Superintendent of Financial Institutions Canada	Canada	2004年8月13日
7	吉爾吉斯共和國國家銀行	National Bank of the Kyrgyz Republic	Kyrgyzstan	2004年9月21日
8	巴基斯坦國家銀行	State Bank of Pakistan	Pakistan	2004年10月15日
9	德國聯邦金融監理署	FederalFinancial Supervisory Authority (BaFin)	Germany	2004年12月6日
10	波蘭共和國銀行監督委員會	Commission for Banking Supervision of the Republic of Poland	Poland	2005年2月27日

[①] 《中國銀監會關於銀行業風險防控工作的指導意見》（銀監發〔2017〕6號），中國銀監會（http://www.cbrc.gov.cn）。

表6-8(續)

序號	機構名稱	Overseas Regulators	Country/Region	生效時間
11	法蘭西共和國銀行委員會	Commission Bancaire	France	2005年3月24日
12	澳大利亞審慎監管署	Australian Prudential Regulation Authority	Australia	2005年5月23日
13	義大利中央銀行	Banca d'Italia	Italy	2005年10月17日
14	菲律賓中央銀行	Bangko Sentral ng Pilipinas	Philippines	2005年10月18日
15	俄羅斯聯邦中央銀行	Central Bank of the Russian Federation	Russia	2005年11月3日
16	匈牙利金融監管局	Hungarian Financial Supervisory Authority	Hungry	2005年11月21日
17	西班牙中央銀行	Banco de Espana	Spain	2006年4月10日
18	澤西島金融服務委員會	Jersey Financial Services Commission	Jersey	2006年4月27日
19	土耳其銀行監理署	Banking Regulation and Supervision Agency of Turkey	Turkey	2006年7月11日
20	泰國中央銀行	Bank of Thailand	Thailand	2006年9月18日
21	烏克蘭中央銀行	National Bank of Ukraine	Ukraine	2007年1月30日
22	白俄羅斯國家銀行	National Bank of the Republicof Belarus	Belarus	2007年4月23日
23	卡塔爾金融中心監管局	Qatar Financial Centre Regulatory Authority	Qatar	2007年5月11日
24	冰島金融監管局	Icelandic Financial Supervisory Authority	Iceland	2007年6月11日
25	迪拜金融服務局	Dubai Financial Services Authority	Dubai	2007年9月24日
26	瑞士聯邦銀行委員會	Swiss Federal Banking Commission	Switzerland	2007年9月29日
27	荷蘭中央銀行	De Nederlandsche Bank	Netherlands	2007年12月25日
28	盧森堡金融監管委員會	Commission de Surveillance du Secteur Financier Luxemburg	Luxemburg	2008年2月1日
29	越南國家銀行	State Bank of Vietnam	Vietnam	2008年5月5日
30	比利時金融監管委員會	Banking, Finance and Insurance Commission of Belgium	Belgium	2008年9月25日
31	愛爾蘭金融服務監管局	Irish Financial Services Regulatory Authority	Ireland	2008年10月23日
32	尼日利亞中央銀行	Central Bank of Nigeria	Nigeria	2009年2月6日
33	馬來西亞中央銀行	Bank Negara Malaysia	Malaysia	2009年11月11日
34	臺灣方面金融監督管理機構	Financial Supervisory Commission of Chinese Taipei	Chinese Taipei	2009年11月16日
35	捷克中央銀行	The Czech National Bank	Czech Republic	2010年1月5日
36	馬耳他金融服務局	The Malta Financial Services Authority	Malta	2010年2月2日
37-1	印度尼西亞中央銀行	Bank of Indonesia	Indonesia	2010年7月15日
37-2	印尼金融服務局	Otoritas Jasa Keuangan (Indonesia Financial Services Authority)		2015年6月4日
38	南非儲備銀行	The Bank Supervision Department of The South African Reserve Bank	South Africa	2010年11月17日

第六章　中國的金融監管體制

表6-8(續)

序號	機構名稱	Overseas Regulators	Country/Region	生效時間
39	塔吉克斯坦國家銀行	National Bank of Tajikistan	Tajikistan	2010年11月25日
40	印度儲備銀行	Reserve Bank of India	India	2010年12月16日
41	古巴中央銀行	Central Bank of Cuba	Cuba	2011年6月5日
42	智利銀行和金融機構監理署	The Superintendency of Banks and Financial Institutions of Chile	Chile	2011年6月9日
43	阿聯酋中央銀行	The Central Bank of the United Arab Emirates	United Arab Emirates	2011年7月13日
44	塞浦路斯中央銀行	The Central Bank of Cyprus	Cyprus	2011年7月15日
45	阿根廷中央銀行金融交易機構監管署	The Central Bank of Argentina (The Superintendence of Financial and Exchange entities)	Argentina	2011年10月5日
46	耿西金融服務委員會	Guernsey Financial Services Commission	Guernsey	2011年11月15日
47	巴西中央銀行	Banco Central do Brasil	Brazil	2012年6月21日
48	柬埔寨國家銀行	National Bank of Cambodia	Cambodia	2013年4月8日
49	馬恩島金融監管委員會	The Financial Supervision Commission of the Isle of Man	Isle of Man	2013年4月15日
50	贊比亞中央銀行	Bank of Zambia	Zambia	2013年4月25日
51	烏拉圭中央銀行金融服務監管署	Superintendencia de Servicios Financieros del Banco Central del Uruguay	Uruguay	2013年5月27日
52	以色列銀行	The Supervisor of Banks at the Bank of Israel	Israel	2013年5月27日
53	巴林中央銀行	The Central Bank of Bahrain	Bahrain	2013年9月16日
54	哈薩克斯坦國家銀行	The National Bank of Kazakhstan	Kazakhstan	2013年9月25日
55	加納中央銀行	Bank of Ghana	Ghana	2014年6月9日
56	瑞典金融監管局	Finansinspektionen (Swedish Financial Supervisory Authority)	Sweden	2014年6月25日
57	蒙古中央銀行	The Bank of Mongolia	Mongolia	2014年8月21日
58	秘魯銀行保險基金監管局	The Superintendence of Banking, Insurances and Private Pension Fund Administrators of Peru	Peru	2014年10月10日
59	卡塔爾中央銀行	Qatar Central Bank	Qatar	2014年11月3日
60	新西蘭儲備銀行	The Reserve Bank of New Zealand	New Zealand	2015年1月21日
61	科威特中央銀行	Central Bank of Kuwait	Kuwait	2015年3月28日
62	立陶宛中央銀行	The Bank of Lithuania	Lithuania	2015年6月12日
63	英國審慎監管局	Prudential Regulation Authority	UK	2015年10月21日

資料來源：中國銀行保險監督委員會網站（http://www.cbrc.gov.cn）。

第四節　中國證券業監管

一、中國證券監管體制的發展與演變

中國證券監管體制的演變是伴隨著證券業的發展而逐漸建立和完善起來的，特別是改革開放以來，中國證券監管體制改革進一步深化，證券監管體制日益完善。

（一）證券監管體制的萌芽（1986—1992年）

1986年在上海建立的中國工商銀行上海靜安信託證券營業部是中國最早的證券經營機構。隨後，全國各地經營證券業務的仲介機構日益增多，開辦的業務包括公司債券、股票、金融債券的交易以及國庫券的轉讓業務等。1990年年底到1991年年初，滬深兩地證券交易所相繼成立，標志著中國證券業正式起步。這一階段，對證券業的監管由不同的職能部門負責，監管權力比較分散。體現在：中國人民銀行主要承擔企業債券、金融債券以及股票的發行與交易管理，而財政部負責國庫券發行與交易管理，地方政府也承擔著當地證券公司和證券交易所的管理職能。

（二）多重證券監管體制（1993—1998年）

1992年後，隨著國務院證券委員會和中國證券監督委員會的成立，中國證券監管體制形成了以國務院證券委員會為主管機構，中國證監會為監管執行機構，國務院各部門和地方政府共同監管的多重監管體制。這一階段，證券監管也進入了法律化、制度化的規範發展階段，監管部門相繼發布了一系列關於股票發行與交易、信息披露制度、證券經營仲介機構監管、禁止證券詐欺行為等方面的規範性文件。

（三）集中統一證券監管體制完善（1998年至今）

1998年，在國務院的主導下，中國證券監管體制改革正式啓動，撤銷國務院證券委員會，由中國證券監督委員會履行對整個證券業的監管職能，中國證監會在全國主要省會城市設立派出機構，負責對當地證券業的監管，並接受中國證監會的統一領導。至此，中國集中統一的證券業監管體制已經建立。與此同時，1998年12月29日《中華人民共和國證券法》正式頒布，進一步從法律上規範了對證券業的監管。

二、中國證券業監管的基本框架

中國證券業監管體制經過近 20 年的改革與發展，基本形成了以中國證監會為主，證券交易所以及證券行業協會為輔的集中型證券監管體制。

(一) 證券監管的法律法規體系日益完善

中國證券監管的法律框架體系包括國家層面的法律、政府部門頒布的行政法規和證券監管部門制定的規章制度三個層次，其中國家層面和政府層面涉及的證券監管的主要法律法規如表 6-9 所示。監管的內容涉及證券業機構的市場准入、業務範圍規定、日常經營、風險管理、信息披露以及從業人員資格等方面。

表 6-9　　　　　　　　　　證券監管的主要法律法規①

國家法律	《中華人民共和國證券法》
	《中華人民共和國刑法修正案（八）》
	《中華人民共和國證券投資基金法》
	《中華人民共和國公司法》
政府行政法規	《股票發行與交易管理條例》
	《國務院關於股份有限公司境外募集股份及上市的特別規定》
	《國務院關於進一步加強在境外發行股票和上市管理的通知》
	《證券、期貨投資諮詢管理暫行辦法》
	《證券公司監督管理條例》
	《證券公司風險處置條例》

證監會作為證券業的監管部門，依據《證券法》授權制定部門規章、規則來規範證券市場的行為。中國證監會針對證券市場中的交易主體、市場交易行為、上市公司、證券經營服務機構、基金類、期貨類等方面的監管，制定了一系列部門規章制度和規範性文件。證券發行方面，制定了《首次公開發行股票並上市管理辦法》《上市公司證券發行管理辦法》《證券發行與承銷管理辦法》等。市場交易行為監管方面，制定了《證券交易所管理辦法》《股票期權交易試點管理辦法》《證券市場禁入規定》等規章制度。有關證券公司監管的規章制度方面，制定了《證券公司風險控制指標管理辦法（修改稿）》《證

---

① 資料來源：中國證券業監督委員會網站（http://www.csrc.gov.cn）。

券公司董事、監事和高級管理人員任職資格管理辦法》《證券從業人員資格管理辦法》《證券投資者保護基金管理辦法》等。為了強化上市公司監管，制定了《上市公司股權激勵辦法》《上市公司信息披露管理辦法》《上市公司重大資產重組管理辦法（2016年修訂）》《上市公司收購管理辦法（2014年修訂）》等文件。

（二）中國證監會為主，證券交易所和證券業協會為輔的監管機構體系

中國證券監督管理委員會（簡稱中國證監會）及其派出機構證券監管辦公室和證券監管特派員辦事處是中國政府層面的證券監管機構。中國證監會的主要職能體現在：一方面在國務院領導下，履行行政管理職能；另一方面，按照有關證券監管法對全國證券、期貨市場進行直接、全面監管，以保證證券市場的健康穩定。

證券交易所和證券業協會是證券業自律性監管機構。證券交易所主要負責對證券交易活動、證券交易所會員和對上市公司進行監管。中國證券業協會是由證券公司自發組成的、具有一定獨立社會法人資格的行業自律性組織。其主要職責是為會員提供各種證券信息服務，監督會員遵守證券業監管的各種法律、法規，維護會員的合法權益，協調會員之間，會員與客戶之間發生的矛盾等。

（三）加強對證券發行、證券交易行為的監管

1. 證券發行監管

證券發行監管包括證券發行審核制度、證券發行定價制度和證券發行信息披露制度三部分內容。

（1）證券發行審核制度

在中國證券市場發展初期，證券發行執行審批制，即採取總量控制下的額度管理辦法。中國證券發行的審批制具有較為明顯的計劃經濟和政府干預的特徵，與中國市場經濟發展越來越不適應，因此有必要進行改革。2001年，中國對證券發行制度進行了改革，並將證券發行審核制改為核准制，計劃經濟時代的審批制宣告結束。核准制經歷了最初的「通道制」，後來又實行「保薦制」，但從實施效果來看，證券發行的市場化改革並不成功。2015年，中國證監會公布了註冊制改革方案，並著手為推行註冊制開展前期準備工作，為註冊制的實施積極創造條件，這意味著中國證券發行註冊制改革步伐在不斷加快。

（2）證券發行定價制度

中國證券發行定價制度（主要指股票）經歷了從新股認購證到網上網下發行，從固定價格到詢價發行的漫長的改革歷程。其改革過程詳見表6-10。

表 6-10　　　　　　　中國股票發行定價制度改革歷程

時間	股票發行方式	具體內容
1992年前	新股認購證/表	新股認購證/表實質是一種用於抽簽的憑證，只有抽中的投資者才有資格購買發行的新股
1993年至1996年	新股認購表與銀行儲蓄存款掛鉤	根據投資者在銀行定期儲蓄存款餘額一定比例配售申請表，通過對認購申請表進行公開搖號抽簽確定投資者的認購資格，再按照規定要求辦理繳納股款手續
1997年至1999年	上網定價和全額預繳款	這種發行方式是指投資者通過證券交易所的交易系統在指定的時間內按照確定的價格申購股票，並一次性向主承銷商繳納全部申購款項。主承銷商依據股票發行量和申購總量確定配售比例，向有效申購的投資者進行股票配售，餘款轉為存款或返還投資者
2000年至2001年	向法人配售	法人配售發行方式規定了一些發行條件：一是公司的發行股本總額要超過4億元，配售對象只限於戰略投資者或一般法人；二是配售比例範圍限定為25%~75%，鎖定期不低於3個月（戰略投資者鎖定期不低於6個月）；三是對同一配售對象的配售股份介於50萬股和發行公司發行在外的普通股總數的5%之間，參與法人配售的機構不能同時參與上網申購
2001年至2006年	上網競價發行和按市值配售	上網競價發行方式是指投資者利用證券交易所的交易系統以發行人宣布的發行底價為最低價格，在指定的時間內競價委託申購。申購期結束後，發行人和主承銷商以價格優先的原則確定發行價格並發行股票 按市值配售發行方式是指在新股發行時，將一定比例的新股直接向二級市場投資者配售，申購量根據投資者持有上市流通證券的市值和折算來確定，投資者可以自願選擇申購新股
2007年至今	IPO詢價制	IPO詢價制是指在新股發行時，通過向符合條件的一些機構投資者詢價來確定股票發行價格。隨後幾年，中國證監會不斷改革和完善股票發行的詢價制度，擴大了詢價對象，建立了中止發行和回撥機制

（3）證券發行信息披露制度

為了保證公開發行證券公司的信息披露的規範性、準確性和真實性，證監會先後制定了各種有關信息披露的法律、法規，形成了比較完善的信息披露制度。這些法律、法規涉及創業板上市公司披露季報、半年報和年報的內容與格式，公開發行證券公司財務報告、季報、半年報和年報披露的內容與格式。隨著證券市場的發展，證監會適時地對公開發行證券公司的信息披露制度進行不斷補充、修改和完善。

2. 證券交易行為監管

在中國證券市場的發展過程中，存在著各種各樣的證券詐欺行為，這些證券詐欺行為扭曲了市場價格，損害了證券市場的資源配置功能，嚴重破壞了證券市場交易的正常秩序，也損害了廣大投資者的利益。證券詐欺行為的監管一直受到各國監管部門的高度重視。近年來，證監會對證券詐欺行為的查處和處罰力度越來越大，為中國證券市場的健康發展創造了良好條件。中國《證券法》將證券市場詐欺行為分為四類，即內幕交易、操縱市場、虛假陳述、詐欺客戶。世界各國對證券詐欺行為一般綜合採用追查民事責任、行政責任和刑事責任三種方式進行處罰，中國也不例外。

(1) 內幕交易行為監管

隨著中國資本市場的發展，內幕交易已經成為中國資本市場的頑疾。一直以來，中國都保持對內幕交易行為打擊的高壓態勢，但由於監管過程中執法不力、取證難以及處罰力度不夠等原因，內幕交易行為還時有發生。近年來，證監會從制度建設、執法隊伍建設和監管方式創新等方面加大了對內幕交易行為的監管，取得了一定的成效（見圖6-2）。

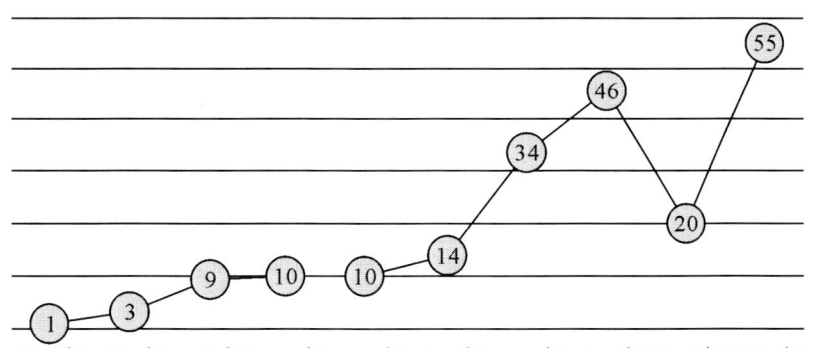

圖6-2 中國證監會內幕交易案件處罰數量（2007—2016年）
數據來源：根據證監會披露信息統計。

首先在制度建設方面，內幕交易的綜合防控體系已經形成。一是在國家層面，修訂的《證券法》《刑法修正案（七）》等分別對內幕交易行為提出了行政處罰和刑事處罰的規定。為了解決內幕交易認定難的問題，國家專門出台了《關於辦理內幕交易、洩露內幕信息刑事案件具體應用法律若干問題的解釋》和《關於辦理證券期貨違法犯罪案件工作若干問題的意見》兩部法律文件，

對內幕交易行為的認定做出了詳細規定，為查處內幕交易行為掃清了障礙。二是證監會層面，通過建立證監會派出機構與地方紀檢監察機關聯席會議制度，共同防範和處理地方黨政機關工作人員的內幕交易行為。同時，又通過建立內幕信息知情人登記管理制度，以防止內幕信息的洩露、擴散。三是社會層面，建立資本市場統一的誠信數據庫，制定資本市場誠信監管規章制度，為監管層的執法工作提供了堅實的保障。至此，國家、部門和社會三級內幕交易防控體系已初步形成，打擊內幕交易的長效機制正逐步建立。

其次，證監會稽查執法體制不斷完善。證監會稽查執法體制建立以來，不斷完善各種體制機制，堅持依法辦案，基本形成了由稽查局為統一領導，稽查總隊、派出機構、交易所各司其職，全方位的稽查辦案機制。建立了包括線索發現、初步調查、立案稽查、審理處罰到復議、執行等一整套周密的執法工作程序。嚴格執行查審分離制度，有效保證了執法的公平公正。

最後，監管方式日益多樣化。在內幕交易行為的監管中，面臨最大的問題就是取證和舉證難度大，不能有效打擊內幕交易的犯罪行為，造成股票市場內幕交易行為泛濫。近年來，監管部門加大了對內幕交易的監管力度，通過建立股票價格異常監測與信息披露監管聯動機制，採取現場檢查與非現場檢查，常規檢查與立案檢查等多種方式，從源頭上嚴控內幕交易行為的發生。充分利用互聯網、大數據分析等新技術，準確甄別內幕交易行為，不斷優化監管指標，提升監控系統功能，逐步建立了預警→甄別→調查取證的一套監管新模式。

（2）操縱市場行為監管

近年來，證券市場操縱行為日益多樣化和複雜化，給監管部門的監管造成了巨大挑戰。這體現在：一是操縱市場行為出現國際化趨勢，隨著資本市場國際化的發展，操縱市場行為發生在多個國家或地區之間；二是操縱市場行為隱蔽性增強，互聯網技術發展為操縱市場行為提供了非常隱蔽的手段，提高了監管難度；三是操縱市場行為出現跨市場運作，即在現貨和期貨市場之間進行。

在操縱市場行為的監管過程中，對操縱市場行為的認定非常困難，這主要是由於不同操縱市場行為認定的要件不同，且在要件認定中難度較大，加上操縱市場的手法日益複雜，進一步增加了監管的難度。目前，對於操縱市場行為的監管主要採取以事後救濟和處罰為主的方式，缺乏有效性和震懾力。

中國對操縱市場行為的監管主要從以下幾個方面展開：

一是在立法方面，形成了以《證券法》和《刑法》為核心，《股票發行與交易管理暫行條例》《禁止詐欺行為暫行辦法》等規章制度為輔的基本法律框架。《證券法》主要是監管部門對操縱市場行為進行行政處罰的依據，《刑法》

是法院對操縱市場行為刑事犯罪的量刑依據。行政處罰和刑事處罰是中國對操縱市場行為的主要處罰手段。

二是逐步強化事前監管。在證券市場中，操縱證券價格一般都要經歷吸籌、打壓、拉高、派發等幾個階段，並結合信息的發布進行證券價格操縱。在操縱證券價格過程中，最直觀的現象就是證券價格的大幅波動。因此，強化事前監管，一方面對證券價格異常波動進行監測，一旦發現證券價格出現異常波動，監管部門立即介入展開調查；另一方面，加強對信息披露的監管，對存在信息不披露或虛假信息披露等問題進行嚴厲處罰。

近年來，中國證監會也加大了對證券市場操縱行為的打擊力度，對證券市場操縱行為的處罰除了沒收違法所得外，還處以一到五倍的罰款。2001年以來，證監會查辦的案件呈上升趨勢（見圖6-3）。

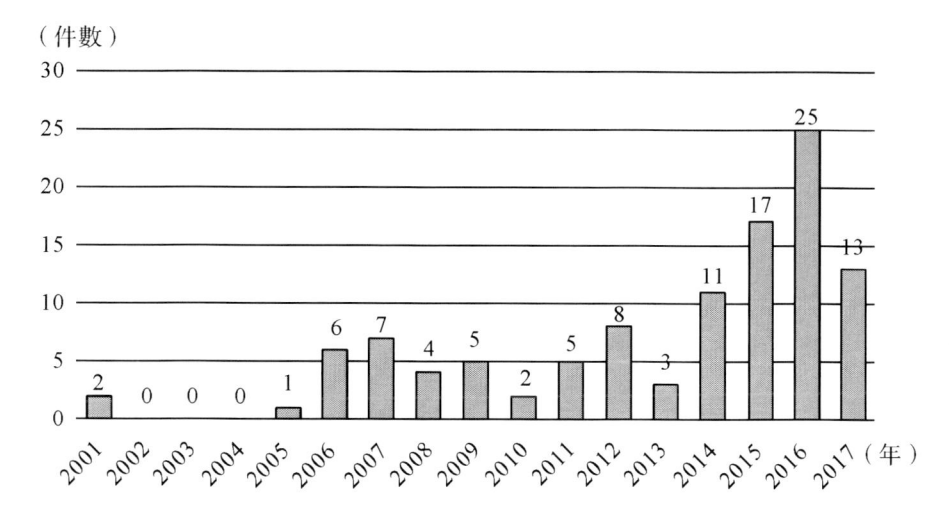

圖6-3　中國證監會2001—2017年查辦操縱市場案件數量統計圖
數據來源：根據證監會披露信息統計。

（3）詐欺客戶行為監管

《中華人民共和國證券法》第七十九條將下列行為界定為詐欺客戶行為（見表6-11）。

表 6-11　　　　　證券市場詐欺客戶行為表現[1]

序號	證券市場詐欺客戶行為表現
1	違背客戶的委託為其買賣證券
2	不在規定時間內向客戶提供交易的書面確認文件
3	挪用客戶所委託買賣的證券或者客戶帳戶上的資金
4	未經客戶的委託，擅自為客戶買賣證券，或者假借客戶的名義買賣證券
5	為牟取佣金收入，誘使客戶進行不必要的證券買賣
6	利用傳播媒介或者通過其他方式提供、傳播虛假或者誤導投資者的信息
7	其他違背客戶真實意思表示，損害客戶利益的行為

對詐欺客戶行為的監管主要是事後監管，包括民事賠償或刑事處罰。

第五節　中國保險業監管

一、中國保險業監管體制的演變

20世紀70年代末中國的保險市場得以重新恢復，並很快得到迅速發展。隨著中國保險市場的迅速發展，客觀上要求政府加強對保險市場的監督管理。改革開放以來，中國保險監管制度也從無到有，由行政管理逐步發展到市場化管理，其發展經歷了以下幾個階段：

（一）中國人民銀行和財政部共同監管階段（1983—1995年）

1983年，中國人民銀行真正成為中國的中央銀行以後，中國人民銀行負責對保險業進行監管，承擔保險業的監督管理職能。1985年，《保險企業管理條例》的出抬正式確立了中國人民銀行對保險業的監管職能，而財政部負責監管保險企業財務會計制度，國家計委負責制定保險業發展規劃。

（二）市場行為監管逐漸形成階段（1996—1998年）

1995年以來，國內股份制保險公司紛紛建立、外國保險公司以獨營或合營的方式不斷進入中國保險市場，保險產品創新不斷湧現，保險業步入高速發展階段。

---

[1] 《中華人民共和國證券法》（2005年修正本），中國證券監督委員會（http://www.csrc.gov.cn），2005.10.27。

但由於保險市場參與者還不成熟，保險監管體制不健全，保險市場違法違規行為時有發生。1995 年 10 月 1 日，中國第一部《中華人民共和國保險法》正式頒布實施，隨後，中國人民銀行又相繼頒布了《保險管理暫行規定》《保險代理人管理規定（試行）》《保險經紀人暫行規定（試行）》等部門規章，對保險市場行為進行了規範。採用審批保險機構設立變更、審批條款費率、規範保險機構和仲介機構市場行為、檢查監督保險業務等市場行為監管手段，加強對保險業的監管。

（三）保險業分業監管階段（1998—2005 年）

按照十四屆三中全會的要求，國務院做出了進一步深化金融體制改革的決定，確立了銀行、證券、保險、信託業分業經營的目標。按照這個目標要求，中國專門建立了中國保險監督管理委員會負責對保險業的監管。保監會建立以後，以市場行為監管和償付能力監管作為保險業監管的雙重目標。同時，借鑑國際保險監管的先進經驗，引入「實際償付能力」「法定最低償付能力」等監管理念，逐步邁向以償付能力監管為核心的監管制度。

（四）以償付能力監管為核心的監管階段（2006 年至今）

2006 年，保險業改革取得重要進展，在國務院出抬的《國務院關於保險業改革發展的若干意見》文件中，正式確立了中國保險監管體系的基本框架，即把防範風險作為保險業健康發展的生命線，建立了以償付能力、公司治理結構和市場行為監管三大支柱為監管架構的現代保險監管制度。隨後，就保險公司償付能力監管制定了許多相關制度，以不斷完善中國以償付能力監管為核心的保險監管制度。

二、中國現行保險監管體系的主要內容

（一）保險監管法律體系

中國的保險監管法律框架主要包括三個層次的法律規範。第一層次指國家層面的法律。如《中華人民共和國保險法（2015 年修訂）》。《中華人民共和國保險法》最早於 1995 年頒布，經過四次修訂，最終形成 2015 版《中華人民共和國保險法》。第二層次指部門規章和規範性文件。2000 年以來，保監會先後出抬和修訂了近 100 項部門規章，對保險仲介機構的經營行為進行了規範。保監會制定的規範性文件涉及保險機構的管理、保險資金的運用以及各種保險業務的開展等方方面面。第三層次包含各種保險監管指標體系，比如償付能力編報規則及實務指南，新生命表的制定，非壽險精算制度的確立等。

(二) 償付能力監管

1. 償付能力監管一代

2003 年，以保監會頒布並實施《保險公司償付能力額度及監管指標管理規定》為標誌，中國保險業向償付能力監管轉變正式起步，也意味著償付能力監管一代初步確立。隨後，保監會在償付能力報告編報內容和規則、保險公司償付能力、保險公司償付能力充足率的內涵及其標準、保險公司償付能力分類標準等方面進行了詳細規定，初步建立起償付能力監管的制度框架。

2、償付能力監管二代

中國保監會於 2012 年開始著手研發中國風險導向償付能力體系（以下稱「償二代」），經過近三年的研製開發建設，最終形成《保險公司償付能力監管規則（第 1 號—第 17 號）》研究報告。根據該報告確立的監管規則試運行一年後，在國務院的授權下，《保險公司償付能力監管規則（第 1 號—第 17 號）》正式實施。這標誌著中國保險業進入償付能力監管第二代。「償二代」從定量資本要求、定性監管要求和市場約束機制三個方面制定了共 17 項監管規則（具體內容見表 6-12）。

表 6-12　　　　　　　「償二代」監管框架的組成[1]

組成部分	具體內容
第一支柱：定量資本要求	實際資本要求
	最低資本要求（保險風險、市場風險、信用風險）
	核心償付能力充足率和綜合能力充足率
	壓力測試要求
第二支柱：定性監管要求	建立償付能力風險自評估體系
	保監會採用償二代風險綜合評級（IRR）、償付能力風險管理要求與評估（SARMRA）、監管分析與檢查等工具，對保險公司風險進行定性監管
	控制風險最低資本要求
	流動性風險監管
第三支柱：市場約束機制	償付能力信息披露要求
	償付能力信息交流要求
	保險公司信用評級要求

---

[1]　資料來源：中國保監會.《保險公司償付能力監管規則（1-17 號）》（保監發〔2015〕22 號），中國銀行保險監督委員會網站（http://www.cbrc.gov.cn）。

(三) 公司治理結構監管

公司治理結構監管是保險監管體系三大支柱之一，良好的公司治理是保證公司穩健經營、防範經營風險的重要法寶。2004 年以來，保監會不斷探索對保險公司股權監管的方法，大力強化對保險公司股東實際控制人和關聯關係的監管，在公司治理結構監管制度建設方面取得了長足進步。

2006 年，保監會出抬了《關於規範保險公司治理結構的指導意見（試行）》，以此為統領，保監會相繼制定多個規章和規範性文件，其中涉及股權管理、董事會建設、風險管理、內部審計、關聯交易管理以及公司章程等多個方面，初步形成了公司治理結構監管制度體系，實現了有規可依、有章可循。

1. 加強股東股權監管

股東股權是公司治理的基石，也是保險監管的重要方面。保監會為了強化對保險公司股東股權的監管，不斷完善保險公司股權管理辦法，經過多次修改並向社會徵求意見。在《保險公司股權管理辦法（第二次徵求意見稿）》中，對保險公司股權採取分類監管和穿透式監管。將保險公司股東分為財務 I 類股東（持股比例 5% 以下）、財務 II 類股東（持股比例 5% ~ 15%）、戰略類股東（持股比例 15% ~ 30%）和控股類股東（持股比例 30% 以上），且對不同的股東制訂不同的監管標準和約束條件。[①] 特別是對控股股東的監管提出了更為嚴格的要求，以保護保險公司本身及其參與人的利益。

2. 注重董事會建設監管

公司治理的核心在於董事會。董事會的建設對於保險公司的重要性不言而喻，因此加強董事會建設監管也是公司治理結構監管的重要內容。保監會在董事會建設方面的監管主要從董事會組織制度、董事會職能發揮、董事會規範運作和董事會會議管理等方面強化監管，以提高董事會決策水準和效率。具體規章制度有《保險公司董事會運作指引》《保險公司獨立董事管理暫行辦法》和《保險公司董事、監事及高級管理人員培訓管理暫行辦法》等。

3. 重視內控體系方面的監管

內控機制既是公司治理的重要組成部分，也是公司治理真正發揮作用的重要保障。保監會主要從保險公司公司章程制定、內部審計體制的健全、風險管理制度完善以及關聯交易審查機制建設等方面加強監管。具體的規章制度有：《關於規範保險公司章程的意見》《保險公司總精算師管理辦法》《保險公司首

---

① 《保險公司股權管理辦法（第二次徵求意見稿）》，中國保監會（http://www.circ.gov.cn）。

席財務官任職資格管理規定（徵求意見稿）》《保險公司內部審計指引（試行）》《保險公司風險管理指引（試行）》和《保險公司合規管理指引》等。對壽險公司的監管，專門制定了《壽險公司內部控制評價辦法》。

4. 規範保險公司的薪酬管理

保監會專門制定了《保險公司薪酬管理規範指引》，主要從薪酬結構、薪酬考核、薪酬支付等方面對保險公司薪酬管理進行規範。鼓勵薪酬與風險管控和合規管理水準掛鉤，督促保險公司建立科學合理的績效考核指標和規範化考核流程，形成穩健經營和增長方式轉變的內生機制。

（四）市場行為監管

保險公司的市場行為與廣大客戶的切身利益密切相關，因此保險市場行為監管一直是保險監管的重點。近年來，監督部門加大了對市場行為監管的力度，制定了一系列的規章制度來規範保險公司的經營行為。如制定《保險行銷員管理規定》，以全面、系統地對保險銷售人員的資質、法律地位和業務活動進行嚴格規範。隨著人們保險意識的逐漸增強，健康保險、養老保險的市場需求在逐漸加大，因而出現了大量的專業化保險公司從事健康保險、養老保險等新型保險業務，為此保監會專門制定了《健康保險管理辦法》和《養老保險業務管理辦法》來對新出現的專業化保險公司進行規範。針對保險市場上出現的一些新型的違規行為，保監會制定了《保險公司關聯交易管理辦法》和《金融機構客戶身分識別和客戶身分資料及交易記錄保存管理辦法》來加強對新時期產生的新類型違規行為進行有效管控。近年來，保險電銷業務發展迅速，保監會又制定了《促進壽險公司電話行銷業務規範發展通知》來確保電銷業務朝著健康有序的方向發展。

（五）保險公司監管評價體系

為了加強保險公司全面性監管，提高保險公司風險防範能力和保險服務質量水準，提升保險公司的社會認可度，保監會相繼發布了保險公司經營評價體系、服務評價指標體系和分類監管評價體系。這三套監管評價體系既相互獨立又相互依存，形成了較為全面的保險公司監管評價體系。這三套評價體系分別從經營管理、服務水準和風險管理三個不同的方面對保險公司進行全面評價，以督促保險公司提高經營管理水準、服務質量以及強化風險管理。這一套保險監管評價體系建立以來，在督促保險企業提高經營管理水準、強化保險服務意識和加強風險管理等方面發揮了重要作用。但是，在具體的監管實踐中，由於指標的選取、數據收集等方面存在一定的局限性，保險監管評價體系有待進一步完善。

第六節　中國金融監管體制的改革實踐

一、中國現行金融監管體制面臨的挑戰

中國現行的金融監管體制是一種分業監管體制，它最早確立於 2003 年。當時中國金融業實行較為嚴格的分業經營，且世界各國主流監管體制都是基於機構類型的機構監管模式，因而實行分業監管模式是符合中國當時的國情和國際通行做法的。但是，經過十幾年的發展，中國和其他國家的經濟、金融體系都發生了深刻的變化，世界許多國家都對本國金融監管體制進行了改革，金融監管模式逐步向目標監管模式轉變。中國現行的金融監管體制也面臨著來自國內外經濟、金融環境變化的巨大挑戰，改革勢在必行。

（一）金融業進入混業經營時代

近年來，中國金融業逐漸進入混業經營模式。這體現在，一是金融機構綜合化經營出現加速趨勢。銀行業金融機構通過各種方式逐漸向證券、保險、基金、信託、租賃及住房儲蓄等領域滲透，逐步向「全牌照」靠近；證券公司除了傳統業務外，還不斷開拓私募基金、資產管理、場外市場及股票質押融資（準信貸）等新業務。除了銀行、證券公司外，保險公司、資產管理公司等非銀行金融機構綜合化經營也不斷深化。二是許多交叉金融產品不斷湧現，跨行業、跨市場金融產品層出不窮。如銀行與證券公司、保險公司、信託公司、基金公司之間開展合作，開發出多種銀證、銀保、銀基、銀證信、銀基信等金融產品。

（二）金融創新的出現，改變了傳統金融業務模式

隨著互聯網、人工智能、雲計算以及大數據處理等科技在金融領域的運用日益廣泛，大量金融創新不斷湧現，包括金融制度、金融機構、金融產品、金融市場結構等多方面創新。如基於互聯網的一些新型金融業態（眾籌、P2P、第三方支付）的出現，改變了傳統的投融資模式，大大節省了投融資成本，但這些新型的金融業態的出現，也給傳統監管模式提出了很大的挑戰。

（三）金融市場化、國際化的發展，金融風險出現加劇趨勢

近年來，中國金融體系對外開放程度日益加大，利率市場化改革已經基本完成，匯率市場化穩步推進，資本項目開放程度日益增加，人民幣順利加入 SDR，離岸人民幣市場建設取得巨大進展，人民幣國際化進程日益加快，中國金融市場國際化程度進一步加深，以及與國際金融市場的聯動效應加強。中國

金融體系發生的這些深刻變化，意味著中國逐漸進入一個系統性風險較高的時期，改革現有監管體制，保證不發生系統性金融風險成為監管層面臨的重要現實問題。

二、中國現有監管體制存在問題

中國現有的監管體制是分業監管體制，即銀行、證券、保險業分別接受銀監會、證監會、保監會的監督管理。但隨著金融混業經營趨勢的發展，這一分業監管體制的弊端日益暴露。

（一）監管真空、監管重疊和監管套利等問題共存

目前，各類地方性資產交易平臺、傘形信託、影子銀行、以 P2P 為代表的互聯網金融等新型金融業態大量出現，但與之相對應的監管缺失嚴重，其處在監管的真空地帶。同時金融市場上出現了大量交叉金融產品，這些交叉金融產品涉及多種金融仲介機構而受到多個監管當局的監管，造成監管重疊問題。另外，同類業務的監管標準和強度不統一的問題，也造成了市場主體的監管套利行為，如債券市場中，銀行間債券市場、公司債和企業債的發行分別由中國人民銀行、證監會和發改委負責審核，但由於審核制度和標準不一致，相比銀行間債券和公司債券，企業債的發行過程中就存在較大套利空間。

（二）監管機構之間缺乏協調機制

在分業監管體制下，監管機構分工明確、職責分明。一方面，分業監管造成金融體系的人為分割，不利於跨市場的金融創新的推進，降低了金融行業的效率；另一方面，由於監管機構之間缺乏協調機制，信息溝通存在障礙，很難形成統一的決策和一致的行動，有礙於宏觀審慎管理與微觀審慎監管相統一的監管體制的形成。監管協調部際聯席會議制度在信息溝通與協調方面的作用有限，特別是在有效應對綜合經營中可能出現的系統性金融風險方面作用甚微。

（三）缺乏宏觀審慎監管

中國現行的監管體制是「一行三會」制。「三會」主要承擔微觀審慎監管的職能，雖然中國人民銀行負責維護整個金融的穩定，但由於其監管職能已經分離出來，因而在監管信息獲取、監管手段的使用和宏觀審慎政策工具創新等方面略顯不足，使得中國人民銀行對系統性金融風險的識別、預警和管理能力嚴重不足，導致中國人民銀行無法有效抑制金融市場波動。

（四）缺乏金融消費者保護機制

在現有的分業監管體制下，「三會」承擔了金融消費者保護的責任，但在實際監管實踐中，為了整個金融業的發展，在兩者利益發生衝突的時候，監管

部門會偏重整個金融業的利益而忽視金融消費者和中小投資者的權益。另外，金融監管部門既是規則的制定者又是規則的執行者，在監管實踐中往往存在重發展輕處罰、有法不依、執法不嚴的現象。

(五) 缺乏金融信息共享渠道

宏觀審慎評估和制定宏觀審慎政策離不開大量的信息和數據。集中統一共享的金融信息數據庫的建設是提高宏觀調控和金融監管有效性的重要手段。在分業監管體制下，各監管部門建立了各自的金融基礎設施、金融統計系統為各自使用和管理，但各監管部門之間缺乏信息共享的機制，信息溝通渠道不暢，使得監管部門不能獲得充分的監管數據，嚴重影響監管針對性和有效性。這種分割的監管體制很難適應各類金融仲介機構混業經營的發展趨勢，使得監管部門的監管反應滯後，對金融風險的辨識能力和金融危機預測能力不強，很難對未來有可能出現的系統性風險進行有效預防。

三、中國金融監管體制改革

(一) 對中國金融監管體制改革幾種觀點的評析

金融危機後，國際社會都在致力於金融監管體制的改革，國際巴塞爾委員會在對《巴塞爾資本協議Ⅱ》進行修改的基礎上出抬了《巴塞爾資本協議Ⅲ》，美國、英國、歐盟都提出了金融監管體制改革的具體方案。中國金融監管體制改革問題也受到廣泛關注，監管部門、金融機構和專家學者提出了許多金融監管體制改革的方案，歸納起來，大概有以下三種觀點：

1. 建立政府層面協調機構

建立直接受國務院領導的中央金融工作委員或金融穩定委員會，作為「一行三會」的協調機構，並承擔宏觀審慎的監管職能。這種方案雖然解決了金融監管機構之間的協調和宏觀審慎監管問題，但是金融穩定委員會不能獨立獲取對金融仲介機構、金融產品和金融業務的監管信息，其監管信息主要來源於具體執行監管的各級監管部門，因而其監管效率並沒有明顯提高，反而可能導致監管成本的提高。

2. 「三會」合併，建立金融監管委員會

這種方案提出將「三會」合併，建立統一的金融監管委員會，全面履行金融監管的職能，而中國人民銀行承擔宏觀調控的職責。這種集中型的金融監管體制解決了監管真空和監管套利問題，有利於監管效率的提高。但也存在諸如金融監管委員會與中央銀行之間的監管協調和關係處理問題。

3. 單一中央銀行監管

這種方案提出將「一行三會」合併，建立由中央銀行兼顧宏觀調控和金融監管的雙重職能。這種方案的優點明顯但缺點也非常突出。優點在於監管權力的集中統一，便於協調宏觀調控、金融監管、金融穩定與外匯管理之間的關係，有利於中央銀行貨幣政策的實施，同時也解決了監管真空問題。缺點主要體現在，一是貨幣政策實施與金融監管之間的衝突問題，中央銀行在監管過程中，為了掩蓋監管的失職而濫用「最後貸款人」的職能，造成「小都不能倒」以及剛性兌付問題；另一方面，監管權力的過於集中，容易滋生腐敗和權力尋租。

(二) 中國金融監管體制改革實踐

綜合以上分析，中國的分業監管體制的癥結主要在於：一是「一行三會」之間協調難，各監管部門各自為政，難以達成統一的行動；二是行業發展目標與監管目標衝突問題。當行業發展目標與金融監管目標發生利益衝突時，監管部門會更傾向於把行業發展目標放在第一位，從而失去監管者的中立性。因而，金融監管體制改革勢在必行。

1. 金融監管體制改革的總體思路

順應金融監管的國際發展趨勢，要打破分業監管的格局，走集中、統一監管之路，破解多個監管部門之間的協調難題。以金融監管目標為導向，建立目標型金融監管體制，以實現金融機構穩健經營、金融系統的穩定發展和維護消費者的合法權益三大目標。

2. 金融監管體制改革後的基本框架

2017年7月召開的第五次全國金融工作會議是中國金融業繼往開來、謀劃發展的一次十分重要的會議。這次會議首次將強化監管、防範系統性金融風險放在非常突出的位置，並明確了中國金融監管體制改革的基本方向。其核心內容是：創新性地提出設立國務院金融穩定發展委員會，以提高金融監管協調能力；賦予中國人民銀行宏觀審慎監管和防範系統性金融風險的職能；改革金融監管模式，逐步從機構監管向功能監管、行為監管轉變；要強化地方政府的監管職責等（見圖6-4）。

2018年3月13日，第十三屆全國人大一次會議審議通過了國務院機構改革方案，提出將中國銀行業監督管理委員會和中國保險監督管理委員會的職責整合，組建中國銀行保險監督管理委員會，行使對銀行業和保險業的監管職能。將中國銀行業監督管理委員會和中國保險監督管理委員會擬訂銀行業、保險業重要法律法規草案和審慎監管基本制度的職責劃入中國人民銀行。這一改

图 6-4　中国金融监管新框架

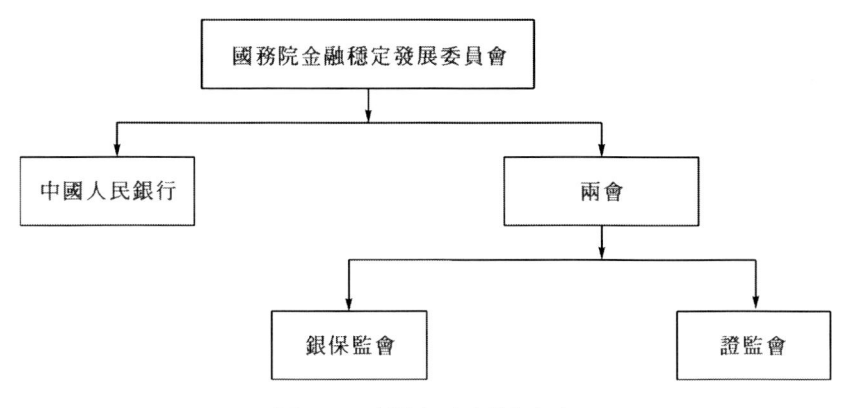

革顺应了国际金融监管的趋势，进一步强化了金融监管的协调程度，提升了中国人民银行的监管职能。

(1) 国务院金融稳定委员会

国务院金融稳定委员会是在国务院层面设立的金融监管协调机构。国务院金融稳定委员会的成立有利于强化国内与国际监管机构之间、「一行三会」之间、中央与地方之间等方面的监管协调，有利于处理好金融发展与金融监管的关系，以提高金融监管有效性。

(2) 中国人民银行

中国人民银行除了履行其宏观调控职能外，重点要强化其宏观审慎管理和防范系统性风险的职能。对应地，在中国人民银行下设专门机构分别负责对系统性风险的监测与评估和对系统重要性金融机构的监管。有权制定金融业监管的规章制度和规范性文件，负责有关交易场所、清算、结算组织等金融市场基础设施的建设，负责金融综合统计、信息系统的建设等。

(3) 银行保险监督委员会

2018 年 3 月，国务院机构改革方案获得通过，其中提出整合中国银行监督委员会和保险监督委员的职能，组建中国银行保险监督管理委员会，并将银监业、保监业重要法律法规和监管制度的制定由中国人民银行来实施。中国银行保险监督委员会的主要职责就是承担对银行业和保险业的监督管理职能。这样一种制度安排，适应了金融业的混业经营趋势的需要，有效监督了银行和保险之间业务交叉和业务合作。同时，银行保险监督委员会的建立一方面强化了银保监督委员会的监管职能；另一方面将法规制定与执行职能进行分离，降低了道德风险，提高了监管效率。

第六章　中国的金融监管体制 | 119

（4）加強功能監管、行為監管和地方政府監管

隨著互聯網金融的發展，出現了一些新興金融業態，傳統金融機構面臨的競爭壓力越來越大。為了規避金融監管，大量影子銀行出現，使得銀行信用風險、期限錯配風險不斷增加，威脅著銀行業的穩定。2016 年以來，監管部門出抬了多個監管政策，不斷強化對金融機構行為的監管，落實監管問責制，大力改進以往人為割裂的監管體系漏洞以及交叉領域監管真空，金融領域的風險得到有效控制。

（5）強化中國金融消費保護局職能，加強金融消費者保護

隨著理財產品等金融創新形式的出現，信息不對稱或虛假信息宣傳使得金融消費者一直處於弱勢地位，導致各類金融消費糾紛明顯增加。儘管監管部門都成立了金融消費者（投資者）保護局，但由於存在「監管俘獲」問題，金融消費者保護局發揮作用有限。因此，有必要強化中國金融消費保護局的職能，以保護金融消費者的基本權益。

第七章　國際金融監管的發展與演變

巴塞爾委員會和金融穩定理事會（原金融穩定論壇）是國際金融監管的主要協調機構，負責制定國際金融監管的規則、評估全球金融系統的風險以及國際監管的協調。巴塞爾委員會是負責全球監管的協調國際組織，其制定的規則是各國金融監管實踐的重要參考。國際金融監管的發展與演變集中體現在《巴塞爾資本協議Ⅰ》到《巴塞爾資本協議Ⅲ》的演變。

第一節　國際金融監管框架的演進

國際金融監管框架的形成是世界各國不斷博弈的結果，而博弈的結果也是各國金融實力的最終體現。現行的國際金融框架主要是在美國的主導下形成的，一定程度上體現了美國的意志。隨著新興市場國家在全球經濟中的地位日益提高，國際金融監管框架的改革也應該充分體現世界各國的共同訴求，尤其是新興市場國家的訴求。

一、《巴塞爾協議Ⅰ》的產生

20世紀在拉美國家發生的債務危機，在給拉美國家經濟造成巨大衝擊的同時，也使得許多跨國商業銀行陷入了危機。美國作為金融國際化程度較高的國家，其跨國商業銀行受拉美債務危機的影響最為嚴重。為了加強對商業銀行的監管，時任美聯儲主席保羅·沃爾克提出了在全美統一商業銀行資本充足率標準的建議，但很快遭到許多商業銀行的反對。其實，在20世紀80年代至90年代期間，美國對商業銀行的資本充足率要求大大高於日本、西歐各國對商業銀行資本充足率的要求，美聯儲強化資本監管必然會大大削弱美國商業銀行在國際上的競爭力，因而遭到了國內商業銀行的極力反對。面對國內商業銀行一致的反對聲音，美聯儲向巴塞爾委員會施壓，並要求巴塞爾委員會在國際上制

定統一的銀行最低資本充足率標準。

　　針對美國提出的在國際上統一最低資本充足率標準的設想，在十國集團內部出現很大的分歧，並形成兩大相互對立陣營：一個是以美國為主導的支持陣營，另一個是以日本、法國和德國為主導的反對陣營。由於受到日本和法國的極度阻撓，美國主導的關於強化資本監管的多邊談判進展緩慢，幾乎處於停滯狀態。

　　面對多方談判處在僵持不下的局面，美國只能退而求其次。美國率先說服英國，很快與英國就最低資本充足率標準展開磋商並簽訂了雙邊協議。有了英國的支持，美國開始將目標對準反對陣營中的日本，一方面，要求日本在美國的商業銀行分支機構執行英美兩國簽訂的資本監管協議；另一方面，美國派代表團到日本進行遊說，並承諾日本可以與美國就資本監管的協議細節進行進一步磋商和探討，以確保雙方的利益。在美國的強硬政策下，日本最終同意與英美進行多邊磋商。緊接著法國、德國也逐步加入了國際銀行業監管框架改革的多邊談判機制。1987年12月，經過多方談判協商，G10全體成員國同意建立統一的國際銀行業資本監管框架，並於1988年7月以《巴塞爾資本協議Ⅰ》的文件形式對外頒布實施。

　　二、《巴塞爾資本協議Ⅱ》的出抬

　　《巴塞爾資本協議Ⅰ》在計算資本充足率時只考慮了信用風險，而忽視了其他風險。隨著20世紀90年代以來金融自由化的興起以及金融創新的不斷湧現，《巴塞爾資本協議Ⅰ》的這一缺陷充分體現，《巴塞爾資本協議Ⅰ》的內容需要進行修訂和完善，以適應新形勢下銀行監管的需要。

　　《巴塞爾資本協議Ⅰ》的修訂工作涉及各國大型金融機構、銀行業協會以及智囊團等私人部門的利益，因而《巴塞爾資本協議Ⅰ》的修訂再一次引發了發達國家之間金融實力的較量。而美國與歐盟尤其是美國與德國之間的爭奪使其成為這一輪較量的主角。

　　早在《巴塞爾資本協議Ⅰ》的修訂工作啟動之前，美國、歐盟就通過各種方式影響巴塞爾委員會，並極力推行他們已經在廣泛使用的VAR模型來衡量市場風險。美國前聯邦儲備委員會主席保羅·沃爾克主導的「30人小組」在一篇《全球機構、國別監管與系統性風險》的研究報告中提出的強化金融機構自身內部控制以及加強以市場為導向的監管理念被《巴塞爾資本協議Ⅱ》所採納。1998年9月，在美國聯邦儲備銀行紐約分行行長兼巴塞爾委員會主席威廉·麥克唐納的主導下，《巴塞爾資本協議Ⅰ》的修訂工作正式啟動。

在《巴塞爾資本協議 I》的修訂過程中，美國和以德國為代表的歐盟之間為了各自的利益，經過了較長時間的協商談判。最初雙方爭議的焦點集中在商業地產抵押貸款、外部信用評級以及德國抵押債券等方面。具體體現在：一是美國認為商業地產抵押貸款的風險權重應該要比普通住房抵押貸款高，並譴責德國商業銀行有意調低商業地產抵押貸款的風險權重；二是美國認為採納基本法計量信用風險時，取得外部信用評級的資產應以較低的風險權重計入風險加權資產，這一做法很快遭到歐洲國家銀行的抵制，因為歐洲國家銀行持有大量未評級資產；三是美、英、意等國認為德國持有的大量抵押債券的風險權重賦值過低，破壞了商業銀行之間的公平競爭。這一輪的爭奪最終以美國在外部評級問題上的讓步而告一段落。

2001 年 1 月，《巴塞爾資本協議 II》發布了第二輪徵求意見稿，這一次美歐雙方的分歧主要集中在中小企業融資歧視的問題上。美國認為未評級資產以及私人部門貸款都應該被賦予較高的權重，而德國認為這會引起銀行對中小企業貸款的歧視，這對擁有較多中小企業的德國是非常不利的，因而德國非常不支持美國的做法，雙方在這一問題上互不讓步。後來，經過近 9 個月的相互磋商後，在雙方各自退讓一步的情況下，這個問題才得以解決。2003 年 4 月，巴塞爾委員會又發布了《巴塞爾資本協議 II》第三輪徵求意見稿，在徵求各國意見和經過多次磋商的基礎上，《巴塞爾資本協議 II》的最終版本於 2006 年 7 月正式頒布。

三、《巴塞爾資本協議 III》的誕生

2008 年金融危機發生後，發達國家在分析金融危機發生的原因時，認為金融監管體制的不完善是其中重要的原因之一，因而發達國家陸續開始了金融監管體制的改革。2010 年年底巴塞爾委員會頒布了《巴塞爾資本協議 III》。《巴塞爾資本協議 III》一提出，就在世界各個國家尤其是西方發達國家中引起強烈的反響。美國、英國等國家態度非常積極，對《巴塞爾資本協議 III》提出的資本監管理念和流動性監管標準非常認可，並呼籲世界各國嚴格執行。而以法國、德國為代表的歐盟國家則認為實施《巴塞爾資本協議 III》應視各國的國情而異。2011 年 7 月，歐盟發布了「歐盟版」的《巴塞爾資本協議 III》，其中就放寬了核心資本的計算標準，且沒有明確流動性監管標準，歐盟的這一做法廣受國際社會的質疑。與此同時，美國也宣布推遲執行《巴塞爾資本協議 III》。可見，發達國家為了維護自身利益，而隨意放鬆《巴塞爾資本協議 III》提出的監管標準，這可能違背了國際金融監管改革的初衷。

第二節　《巴塞爾資本協議》的主要內容及改進

一、《巴塞爾資本協議 I》的主要內容

為了促進銀行業監管水準的提高，防止國際銀行之間的不公平競爭，巴塞爾委員會制定了統一的銀行資本構成及資本充足率標準，具體內容體現在，1988年7月，巴塞爾委員會通過的《巴塞爾銀行業條例和監管委員會關於統一國際銀行資本衡量和資本標準的協議》（簡稱《巴塞爾資本協議 I》）裡。協議的內容包括四個方面，即資本組成及資本充足率標準及計算、資產負債表內資產的風險權重、資產負債表外資產的信用風險轉換系數以及過渡時期安排等方面的規定。

（一）資本組成及資本充足率計算

《巴塞爾資本協議 I》規定：「銀行資本由核心資本和附屬資本構成，其中核心資本由實收資本和公開儲備所組成，附屬資本包括未公開的儲備、重估儲備、普通準備金（普通呆帳準備金）、帶有債務性質的資本工具、長期次級債務和資本扣除部分等」[1]。另外，《巴塞爾資本協議 I》規定了資本充足率標準及計算方法，資本充足率不低於8%，其中核心資本充足率不低於4%。

$$資本充足率 = \frac{銀行總資本}{銀行風險加權總資產} \times 100\% \geq 8\%$$

$$核心資本充足率 = \frac{核心資本}{銀行風險加權總資產} \times 100\% \geq 4\%$$

（二）表內外資產的風險權重規定

《巴塞爾資本協議 I》（以下簡稱《協議》）要求銀行在計算銀行風險資產時採用加權的方法，即將銀行資產乘以相應的風險權重再相加計算出加權風險資產總額。同時，《協議》規定了表內外不同資產風險權重的確定方法：一是對於資產負債表內的資產，根據其風險的大小劃分為五個檔次的風險權重，分別為0、10%、20%、50%、100%。二是對於資產負債表外的資產先按照規定的信用轉換系數轉化為表內的資產，再與對應的表內風險權重相乘得出其風險權重。其中信用轉換系數規定了10%、20%、50%、100%四個檔次。

---

[1] 中國銀監會.《巴塞爾資本協議 I》（中文版）. 中國銀監會網站（http://www.cbrc.gov.cn）.

(三) 過渡期和實施安排

為了保證《巴塞爾資本協議Ⅰ》的順利實施，巴塞爾委員會根據不同國家經濟、金融的發展水準不同，分別規定了各國執行《巴塞爾資本協議Ⅰ》的過渡期，過渡期最晚到1992年年底。過渡期結束後，各國商業銀行開展的跨境業務都必須符合資本充足率要求。

二、《巴塞爾資本協議Ⅱ》的形成及主要內容

(一)《巴塞爾資本協議Ⅱ》的形成過程

20世紀90年代以來，接連爆發了大大小小的各類金融危機，給世界各國經濟造成沉重打擊。同時，銀行業的倒閉現象時有發生，包括一些資本質量較好的金融機構也未能避免倒閉的發生。因而，《巴塞爾資本協議Ⅰ》的缺陷充分暴露，尤其資本監管標準中只考慮了信用風險，而忽視了銀行業面臨的其他風險。《巴塞爾資本協議Ⅰ》的修訂工作被提上議事日程，其修訂歷程見表7-1。

表7-1　　　　　　　《巴塞爾資本協議Ⅱ》的修訂歷程

時間	內容
1996年	巴塞爾委員會公布的修正案首次將市場風險納入資本需求的計算，並要求次年年底開始實施
1999年6月	巴塞爾銀行監理委員會公布了新的資本適足比率架構（A New Capital Adequacy Framework）諮詢文件，對《巴塞爾資本協議Ⅰ》進行了大量修改
2001年1月	巴塞爾委員會發布了《巴塞爾資本協議Ⅱ》的草案，對信用風險、市場風險和操作風險都提出了銀行資本計提要求，並修改了信用風險評估標準，加入了作業風險的參數
2004年6月	2004年6月《巴塞爾資本協議Ⅱ》正式公布

(二)《巴塞爾資本協議Ⅱ》的主要內容

《巴塞爾資本協議Ⅱ》是在《巴塞爾資本協議Ⅰ》的基礎上進行了大幅度的修改而成的。《巴塞爾資本協議Ⅱ》最大的特點就是綜合考慮了銀行存在的信用風險、市場風險、操作風險，體現了全面風險管理的理念，其核心內容可概括為「三大支柱」，即最低資本要求、強化監管部門監管和加強市場約束。

1. 最低資本要求

新協議對資本充足率的標準要求並沒有變化，但對計算資本充足率的方法做了修改，對信用風險、市場風險以及操作風險都提出了計提資本金的要求。資本充足率的計算公式如下：

$$資本充足率 = \frac{銀行總資本}{信用風險加權風險資產 + (市場風險加權風險資產 + 操作風險加權風險資產) \times 12.5} \times 100\%$$

從資本充足率的計算公式也可以看出，在資本充足率計算公式中，對分母部分進行了較大修改，總的風險加權資產不僅包含信用風險計算出來的風險加權資產，還包含按照市場風險和操作風險計算出來的風險加權資產，且市場風險和操作風險的資本要求乘以12.5（即最低資本比率8%的倒數）。

對信用風險、市場風險和操作風險的計算，新協議也提出了具體的方法，具體內容見表7-2。

表7-2　　　　　信用風險、市場風險和操作風險的計算[①]

風險種類	計算方法	主要內容
信用風險	標準法	允許銀行根據外部評級結果，以標準化的處理方式計量信用風險，同時也允許銀行使用自己研發的且經過銀行監管部門批准的內部評級體系
	初級內部評級法	計算信用風險時，除了違約概率需要自己估算外，其他的風險因素（違約損失率、違約風險暴露和期限）由監管當局規定
	高級內部評級法	計算信用風險時，違約概率、違約損失率、違約風險暴露和期限等風險因素都需要銀行在滿足最低標準的前提下自行估計
市場風險	VaR模型	
操作風險	基本指標法	用前三年總收入的平均值乘以固定的比例系數來衡量銀行操作風險的資本要求。其中，總收入包括淨利息收入和非利息收入，比例系數按照巴塞爾委員會的規定來取用。
	標準法	標準法計算時將銀行的業務分為8個產品線，分別是公司金融、交易和銷售、零售銀行業務、商業銀行業務、支付和清算、代理服務、資產管理和零售經紀。先計算各產品線資本要求，再進行簡單加總，就得出總的資本要求。各產品線資本要求等於銀行收入總額乘以適用於該產品線的一個係數。
	高級計量法	高級計量法是指銀行在達到定量和定性標準的前提下，通過內部操作風險計量系統來計算監管資本要求，使用高級計量法應獲得監管當局的批准。

---

① 中國銀監會.《巴塞爾資本協議Ⅱ》（中英文版）.中國銀監會網站（http://www.cbrc.gov.cn）。

2. 強化監管部門的監督檢查

監管部門要加強對銀行資本充足率的監管，通過對銀行風險管理和防範情況、風險處置情況、收益有效性和可靠性等方面的考察，全面評估銀行的資本充足情況，確保銀行有充足的資本來應對經營中所面臨的風險。督促銀行自主開發新的風險管理技術來加強風險管理。在監管過程中，如果發現銀行的資本充足率不足，監管當局應當及時進行干預，監督銀行籌措資金來補充資本。

3. 市場紀律

市場紀律是對最低資本要求和監督檢查的補充。其核心內容就是要建立完善的信息披露制度，接受社會監督，以確保市場約束的有效性。具體信息披露內容見表 7-3

表 7-3　　《巴塞爾協議Ⅱ》規定的信息披露內容[1]

披露要素	披露內容	
	定性披露	定量披露
資本結構	全部資本構成的特點	一級資本額、二級資本額及剔除項目、三級資本額
資本充足率	概要介紹銀行計算資本充足率的方法	對信用風險、市場風險、操作風險的資本要求
信用風險	採取標準法、內部評級法的定性要求	採取標準法、內部評級法的定量要求
市場風險	標準法、內部模型法覆蓋的所有資產組合	標準法下要披露利率、匯率、股票、商品風險的資本需要；內部模型法下要披露交易組合的 VaR 值
操作風險	銀行計量操作風險資本需要的方法	對於使用高級計量法的銀行，在減少因使用保險導致的資本之前和之後的操作風險的費用

三、《巴塞爾資本協議Ⅲ》的主要內容

2008 年金融危機後，金融監管改革成為國際社會關注的熱點問題。美國、英國、歐盟等國家和地區相繼啓動了金融監管改革，並提出了具體改革方案。巴塞爾委員會作為國際金融監管的協調組織，在金融危機過後就開始著手對

---

[1] 中國銀監會.《巴塞爾資本協議Ⅱ》（中英文版）. 中國銀監會網站（http://www.cbrc.gov.cn）.

《巴塞爾資本協議Ⅱ》進行修改，並於2010年提出了修改草案，經過反覆討論和磋商，最終版的《巴塞爾資本協議Ⅲ》於2013年正式發布。《巴塞爾協議Ⅲ》的特點是既充分考慮了風險敏感性資本要求與非風險敏感性槓桿率要求、又實現了微觀審慎與宏觀審慎的統一，還將資本監管和流動性監管有機結合起來，體現了一種全面的監管理念。《巴塞爾協議Ⅲ》的實施有利於提高商業銀行經營管理水準，促進商業銀行加強風險管理，有效防範金融風險。

（一）資本充足率監管要求更加嚴格

1. 重新定義資本及改革資本充足率的計算方法

一是強化了合格資本的定義，增強了監管資本吸收損失的能力。將監管資本結構進行了優化，提出了新的三級分類方法，即分為核心一級資本、其他一級資本和二級資本。關於核心一級資本的扣除進行了特別規定，要求銀行必須堅決執行，以達到提高資本工具吸收損失能力的目的。

二是改進風險加權資產的計算方法，擴大風險資產覆蓋範圍。計算信用風險權重時，採取差異化的方法，以促進銀行業金融機構提高信用風險管理能力；對市場風險和操作風險也提出了明確的資本要求；對交易性業務、資產證券化業務、場外衍生品交易等複雜金融工具提出了更高的監管要求。

2. 對資本充足率監管標準進行了細化和調整

《巴塞爾資本協議Ⅲ》在三個方面規定了資本充足率要求。第一個方面是對總資本、一級資本和核心一級資本分別規定了不低於8%、6%（原為4%）和4.5%（原為2%）的資本充足率要求。第二個方面是提出逆週期資本監管要求，要求留存超額資本（防護緩衝資本）達到2.5%和逆週期超額資本範圍為0~2.5%。第三個方面是要求系統重要性銀行要增加1%的附加資本要求。按照《巴塞爾資本協議Ⅲ》有關資本充足率這些規定，對系統重要性銀行和非系統重要性銀行總的資本充足率要求分別達到了11.5%和10.5%[①]；在實際實施過程中，如果出現系統性的信貸增長過快，還要求商業銀行計提逆週期超額資本，這就有力保障了商業銀行有足夠的資本來應對可能出現的風險（見表7-4）。

[①] 中國銀監會.《巴塞爾資本協議Ⅲ》（中文版），中國銀監會網站（http://www.cbrc.gov.cn）。

表 7-4　　　　　　　　　　　資本劃分框架

資本要求和超額資本（所有數字用百分比表示）

	普通股權益（扣減後）	一級資本	總資本
最低標準	4.5	6.0	8.0
資本留存超額資本	2.5		
最低標準加資本留存超額資本	7.0	8.5	10.5
反週期超額資本範圍	0~2.5		

數據來源：中國銀監會.《巴塞爾資本協議Ⅲ》（中文版），中國銀監會網站（http://www.cbrc.gov.cn）。

其階段性實施安排見表 7-5。

表 7-5　　　　階段性實施安排（陰影部分表示過渡期）

（所有數據都從 1 月 1 日起）

	2011 年	2012 年	2013 年	2014 年	2015 年	2016 年	2017 年	2018 年	2019 年 1 月 1 日以後
槓桿比例	監督性檢測		平行運行期 2013 年 1 月 1 日—2017 年 1 月 1 日 2015 年 1 月 1 日開始信息披露					遷徙至第一支柱	
最低普通股比率			3.5%	4.0%	4.5%	4.5%	4.5%	4.5%	4.5%
資本留存超額資本						0.63%	1.25%	1.88%	2.5%
最低普通股加上資本留存超額資本			3.5%	4.0%	4.5%	5.13%	5.75%	6.38%	7.0%
分階段從核心一級資本扣除的項目（包括超過遞延所得稅資產、抵押服務權和財務額度的金額）				20%	40%	60%	80%	100%	100%
最低一級資本			4.5%	5.5%	6.0%	6.0%	6.0%	6.0%	6.0%
最低資本總額			8.0%	8.0%	8.0%	8.0%	8.0%	8.0%	8.0%
最低資本總額加資本留存超額資本			8.0%	8.0%	8.0%	8.625%	9.25%	9.875%	10.5%
不符合核心一級資本或二級資本條件的資本工具			從 2013 年開始逐步取消						
流動資金覆蓋率			觀察期開始			實施最低標準			
淨穩定資金比率			觀察期開始					實施最低標準	

數據來源：中國銀監會.《巴塞爾資本協議Ⅲ》（中文版），中國銀監會網站（http://www.cbrc.gov.cn）。

3. 建立槓桿率監管標準

槓桿率是指銀行一級資本占表內資產、表外風險敞口和衍生品總風險暴露的比率。新協議中規定了槓桿率監管標準最低為 3%。槓桿率監管標準制定，有利於防止銀行過度投機，同時也便於掌控銀行的風險敞口。

4. 對於各層次資本充足率和槓桿率標準都設立了過渡期

新資本監管標準從 2012 年 1 月 1 日正式實施，而對於系統重要性銀行和非系統重要性銀行採用新的資本監管標準分別給予了 2 年和 5 年的過渡期。槓桿率標準的過渡期為 2013 年 1 月 1 日到 2017 年 1 月 1 日。過渡期結束後，各類銀行應嚴格按照新監管標準的要求對資本充足率和槓桿率進行披露。

(二) 加強流動性風險監管

1. 建立了流動性風險監管標準和監測指標體系

《巴塞爾資本協議Ⅲ》一方面要求監管部門要建立一套流動性監管指標體系，來強化對銀行業金融機構的流動性監管。流動性監管指標體系中除了包含傳統的流動性比例、存貸比、核心負債依存度、流動性缺口率、客戶存款集中度以及同業負債集中度等流動性風險監管和監測指標外，還創新性地提出了流動性覆蓋率、淨穩定融資比例兩個新的監測指標，並規定流動性覆蓋率、淨穩定融資比例均不得低於 100%。另一方面要求銀行業金融機構內部也要建立適應不同情景、不同方法、不同幣種和不同時間跨度的流動性風險監控指標體系。

總之，《巴塞爾資本協議Ⅲ》非常重視對流動性風險的監管。通過強化流動性風險的審慎監管，不斷增強銀行流動性風險管理的精準水準和專業化能力。通過執行嚴格的監督檢查制度，及早發覺並改正銀行的過度投機行為，促使商業銀行充分利用資產負債的綜合管理手段，降低風險暴露頭寸，提高銀行體系應對流動性風險的能力。

2. 設立過渡期

《巴塞爾資本協議Ⅲ》提出的流動性風險監管標準和監測指標體系正式實施時間是從 2012 年 1 月 1 日開始，而對流動性覆蓋率和淨穩定融資比例這兩個指標放寬了達標期限，要求銀行業金融機構達到流動性覆蓋率和淨穩定融資比例的監管要求的時間分別是 2013 年年底和 2016 年年底。

(三) 加強貸款損失準備監管

1. 規定了貸款撥備率和撥備覆蓋率的監管標準

按照《巴塞爾資本協議Ⅲ》的規定要求：「銀行業金融機構的撥備覆蓋率（貸款）和貸款撥備率分別不低於 150% 和 2.5%，並在監管過程中按照兩者孰

高的方法確定銀行業金融機構貸款損失準備監管要求」①。

2. 建立動態調整貸款損失準備制度

《巴塞爾資本協議Ⅲ》指出，貸款損失準備金計提應該是動態的，而不是固定不變。即監管部門應該根據經濟發展所處的階段、銀行業金融機構貸款質量水準以及經營狀況等方面的不同情況，對貸款損失準備監管要求進行動態調整和採取差異化政策。當經濟處於增長階段時，要適當提高貸款損失準備要求，一旦經濟步入下降階段，則按照貸款核銷情況適當降低貸款損失準備要求。與此同時，要針對各家銀行業金融機構的貸款質量和盈利能力的不同，提出不同的貸款損失準備要求，以確保銀行業金融機構的穩健經營。

3. 設立過渡期

貸款損失監管新標準實施時間是 2012 年 1 月 1 日，對系統重要性銀行設定了近兩年的過渡期，而對非系統重要性銀行根據盈利能力和貸款損失補提量的不同規定了不同的達標時限。即對盈利能力較強、貸款損失準備補提較少的銀行業金融機構，達標時間是在 2016 年年底前，而對有些盈利能力較低、貸款損失準備補提較多的銀行業金融機構，達標時間是在 2018 年年底前。

---

① 中國銀監會.《巴塞爾資本協議Ⅲ》(中文版)，中國銀監會網站（http：//www. cbrc. gov. cn）。

第八章　金融監管的國際合作

第一節　金融監管國際合作概述

一、金融監管國際合作的動因

(一) 經濟全球化的迅猛發展

1. 經濟全球化的發展與演變

經濟全球化的發展與資本主義的發展相伴而行，是資本主義對外擴張的表現，其發展演變與資本主義的發展有著密切聯繫。具體體現在以下幾個方面：

第一，經濟全球化的萌芽。

14 世紀至 15 世紀期間，資本主義首先在歐洲興起，在義大利北部的一些城市出現了資本主義工場手工業，商品生產大量湧現。15 世紀末到 16 世紀初，歐洲人發現了美洲新大陸和東西新航路，從此改變了東西方相互隔絕的歷史。美洲新大陸和東西新航線的發現，一方面使得歐洲的經濟生活出現大變革，促進了歐洲資本主義的發展；另一方面也加速了歐洲資本主義對外擴張的步伐，使得東西方經濟、文化等方面的交往日益密切。這就為經濟全球化開闢了道路。

第二，經濟全球化的開啟。

18 世紀末至 19 世紀中葉，以蒸汽機發明為代表的第一次產業革命的興起和發展，大大提高了資本主義國家的生產能力。大量商品的生產已經遠遠超過本國市場的需求，資本主義國家開始將大量過剩商品銷往世界各地，伴隨著歐洲殖民者向美洲、亞洲、非洲等地進行擴張和掠奪，世界市場也逐步向這些地區延伸。世界各大洲之間的經濟、貿易往來日益頻繁，真正的世界市場逐步形成，也為經濟全球化的開啟創造了物質條件。

第三,經濟全球化的加速發展。

19世紀後半葉至20世紀初,隨著第二次產業革命的興起和壟斷資本主義制度的形成,經濟全球化進入了加速發展期。第二次產業革命的興起,使得資本主義工業從以紡織為主的輕工業時代過渡到以鋼鐵、電器、汽車為代表的重工業時代。大量新的交通運輸工具和通信手段的運用,極大地拉近了世界各國之間的時空距離,國際貿易出現了爆發式增長。與此同時,西方發達國家正從自由資本主義過渡到壟斷資本主義。壟斷資本通過國際壟斷組織和跨國公司,不斷向全球擴張,它們不僅大量輸出商品,還大量輸出資本,在世界各地進行直接投資,經濟全球化進程出現了加速發展。

第四,經濟全球化的曲折發展。

20世紀初到20世紀40年代期間,由於受到第二次世界大戰、世界經濟危機和冷戰等事件的影響,經濟全球化的發展出現停滯。但是,也正是這些事件的發生,使得國際社會深刻認識到戰爭對於世界經濟的發展沒有任何好處,對抗經濟危機需要全世界的共同努力。也正是這些事件的發生,催生了三大國際組織的誕生,即關稅及貿易總協定(General Agreement on Taritts and Trade,GATT)、世界銀行和國際貨幣基金組織。這三大國際組織對世界經濟的穩定發展發揮了相當重要的作用,也標誌著經濟全球化的發展走向了制度化的軌道。

第五,經濟全球化進入新階段

20世紀80年代末至90年代初,隨著東歐動亂、蘇聯瓦解的出現,經濟全球化又進入了一個新的發展階段。這一階段,經濟全球化出現了一些新的變化:一是信息技術革命的興起,推動了西方發達國家工業的發展;二是跨國公司作為推動經濟全球化的重要力量,其數量、規模不斷增長,經營模式發生重大轉變,海外併購擴張速度日益加快;三是以WTO為代表的國際經濟組織在推動經濟全球化過程中的作用日益突出。

2. 經濟全球化的表現

第一,經濟全球化表現為世界成為統一的大市場。商品、生產、服務等要素在國際範圍內自由流動,使得整個世界成為統一的大市場,全球資源在世界範圍內實現優化配置,大大促進了各國對外貿易的發展,國際貿易迅速發展,反過來又推動了經濟全球化的發展。

第二,經濟全球化表現為國際資本流動的全球化。隨著經濟全球化的發展,各國金融對外開放程度都在提高,再加上信息化水準的提升,資金流動越來越便利,國際資本可以自由地在國際之間流動,這大大提高了資金的利用效率,也促進了各國經濟的發展。

第三，經濟全球化表現為科學技術的全球化。科學技術的發展，改變了企業傳統的營運模式，大大提高了商品生產的成本和產品價格，提高了生產效率。國際科學技術的交流與發展，使得一國科學技術在全球得到了廣泛推廣和應用，進一步促進了經濟的全球化。

（二）金融國際化程度日益提高

經濟全球化的發展也促進了金融國際化的發展，具體表現為：

一是一國金融市場的國際化，即一國的金融市場和國際金融市場融為一體，是國際金融市場不可分割的一部分。通過金融市場的國際化，能夠吸引外國資金和實現資金在國際範圍內的流動，實現資源的全球配置。

二是一國金融機構的國際化，即在一國的金融機構體系中，跨國銀行和金融機構越來越多，同時一國的許多金融機構日益跨出國界，在世界各地設置分支機構，湧現出了大量跨國界的金融集團。

三是金融業務的國際化，即金融機構開展大量的國際業務，包括國際存款業務、國際貸款業務、國際支付結算業務、國際投資業務等。

四是金融監管國際化，即一國金融監管理念、金融監管內容及規則與國際接軌並趨於一致的過程。從金融監管主體來看，巴塞爾委員會、世界銀行、國際貨幣基金組織等國際性或區域性的國際組織為各國金融監管的國際化提供了良好的平臺和機制。這些國際性或區域性的國際組織所制定的一些金融監管標準、規則成為指導各國金融監管規則制定的重要參考。

二、金融監管國際合作的必要性

（一）金融國際化的發展，提高了金融體系風險及其傳染性

隨著金融國際化的發展，金融機構的業務種類和範圍發生了很大變化，許多金融機構為了提升國際競爭力，大力開拓海外業務，海外資產急遽膨脹，而這些海外業務和資產大多遊離於本國金融監管之外，一旦金融機構海外業務出現風險，必然會傳導到國內。因此，加強母國與東道國之間金融監管的國際合作十分必要。

（二）金融創新的不斷出現，放大了金融體系的風險

20世紀80年代以來，金融創新最突出的特點是大量金融衍生品的出現，而相應的金融監管滯後，使得金融體系風險日益加大，甚至引發金融危機。其中，2008年由次債危機導致的全球金融危機就是最好的例證。金融衍生品業務是一把雙刃劍，其本質是提供套期保值工具，但若為了短期交易獲利，則蘊藏著巨大風險。

(三）各國金融監管制度與金融國際化的衝突

經濟、金融全球化的發展，造就了大批跨國金融機構，它們的業務遍及世界各國，在給世界經濟發展提供發展動力的同時，也增加了世界各國金融體系的風險。而各國金融監管水準和金融監管體制的差異性，使得對跨國金融機構的監管存在較大的漏洞。因此，各國監管當局加強金融監管的國際合作，共同制定和執行統一的金融監管標準和規則來應對金融國際化發展帶來的監管協調問題顯得非常重要。

第二節　金融監管國際合作的基本框架

一、金融監管國際合作主體

（一）巴塞爾銀行監管委員會

1974 年，在比利時、加拿大、法國、德國、義大利、日本、荷蘭、瑞典、英國和美國十個國家的中央銀行行長的積極倡導下，巴塞爾銀行監管委員會正式成立。巴塞爾銀行監管委員會建立以來，通過制定和發布有關銀行業有效監管的核心原則和統一的資本衡量和資本標準等規範性文件，來促進各國銀行監管的國際合作。其制定的有關監管原則和標準已經成為各國制定金融監管制度的重要參考，也逐步得到各國監管當局的認可。其中《巴塞爾資本協議Ⅰ》《巴塞爾資本協議Ⅱ》和《巴塞爾資本協議Ⅲ》成為國際金融不同發展階段各國遵循的重要金融監管規則，為各國開展金融監管及國際合作提供了重要平臺，對維護國際金融的穩定做出了巨大貢獻。

（二）國際證監會組織

隨著國際金融市場的發展，國際證券投資規模不斷增大，國際證券投資業務種類不斷創新，國際金融市場風險日益增加，加強國際證券業監管及其合作日益迫切。為此，在各國證券暨期貨管理機構的共同參與下，成立了國際證監會組織。國際證監會組織成立的主要目的是制定和監督實施統一的證券監管國際準則，強化對國際證券業的監管，加強各國證券監管部門的合作。同時與二十國集團（G20）和金融穩定理事會（FSB）一道致力於全球金融監管的改革。

作為各國證券監管與合作的重要平臺，國際證監會組織通過制定《證券監管目標和原則》（以下簡稱《目標和原則》）來指導各國的監管，為了適應證券業發展和金融監管變革的需要，國際證監會組織分別於 2003 年、2008 年、

2010年對《目標和原則》進行了三次修訂。國際證監會組織成立以來,在維護投資者合法利益,確保證券市場的公平、公正、公開和高效以及減少系統性風險等方面發揮了重要作用。

(三) 國際保險監督官協會

經濟全球化的發展,催生了大量的跨國公司,也催生了大量國際保險業務的需求。與此同時,各國保險市場的國際化發展,進一步促進了國際保險市場的發展。因而,國際保險監管與合作需求日益迫切。國際保險監督官協會成立正是順應了國際保險發展的趨勢,滿足了各國保險監管合作的需求,其制定的《保險監管核心原則》成為各國保險監管指導性文件。作為各國保險監管合作的主要平臺,國際保險監督官協會在密切與其他國際金融和監管機構的合作、共同保證國際保險業的穩定等方面發揮了重要作用。

(四) 聯合論壇

為了提高金融機構的競爭力,實施金融業務多元化發展戰略成為許多跨國金融機構的必然選擇,因而出現了大量的多元化金融集團。為了加強多元化金融集團的監管,由巴塞爾銀行監管委員會、國際證監會組織和國際保險監督官協會三家國際監管組織共同發起成立了聯合論壇。

聯合論壇主要從資本充足率、監管者之間信息共享、監管的協調等方面提出了許多有關金融集團監管的最低原則和實施標準,統一了金融集團監管的國際標準,並形成統一文件《多元化金融集團監管的最終文件》(以下簡稱《最終文件》),來指導各國對金融集團的監管。2008年金融危機的發生,凸顯了原有國際金融監管體制的弊端,特別是對金融集團整體監管的缺乏。2012年9月,為了適應金融集團的發展對監管提出的新要求的需要,聯合論壇在對1999年制定的《最終文件》進行修改和擴充的基礎上,形成了《金融集團監管原則》(以下簡稱《原則》)。該《原則》從監管權力和權威、監管責任、公司治理、資本充足率和流動性及風險管理五個方面強化了對金融集團的監管。

(五) 金融穩定論壇

金融穩定論壇(Financial Stability Forum,FSF)最早由七個工業國中承擔金融穩定的政府當局和國際監管組織構成,成立於1999年。其主要職能是對全球金融穩定的程度進行科學合理的評估,分析全球金融穩定的影響因素,並採取相應的措施來維護全球的金融穩定。後來,金融穩定論壇的成員不斷增加,在全球的影響力不斷提升,為全球金融穩定發揮了重要的作用。

(六) 國際貨幣基金組織和世界銀行

國際貨幣基金組織和世界銀行是根據1944年7月舉行的布雷頓森林會議

上簽訂的《國際貨幣基金協定》和《國際復興開發協定》兩大協定成立的世界兩大金融機構。國際貨幣基金組織的主要職責是制定成員國之間的匯率政策、經常性項目支付和貨幣兌換等方面的規則，為國際收支赤字的成員國提供資金支持，協調國際的金融合作，維護國際匯率穩定。世界銀行的主要職責是為發展中國家提供長期貸款和投資，促進發展中國家經濟的發展，同時與其他國際金融組織合作，推動金融監管的國際合作。

（七）二十國集團（G20）

2008 年金融危機過後，G20 成為國際經濟合作的重要平臺，意味著國際金融治理進入了一個全新的時代，也意味著以 G20 為頂層設計者，其他主要國際組織為執行者的新型國際金融監管合作體系的建立。G20 成立以來，一直致力於推動國際金融監管的國際合作，在議題提出、原則和金融監管標準的制定、監督各國實施情況等方面開展合作。

（八）區域性的監管合作機制

除了上面提到的國際合作平臺外，一些區域性的合作機制日益建立起來，成為國際金融監管合作的有益補充。比如，在亞洲地區，東盟 10+3 合作機制的建立為東南亞地區金融穩定發揮了重要作用。在歐盟地區，建立了包括三支柱的銀行業聯盟，促進了歐洲區域金融監管的合作。另外，金磚國家合作機制為新興國家和發展中國家之間的合作提供了良好的平臺。

二、金融監管國際合作形式

世界各國政治、經濟體制不同，各國經濟、金融水準發展存在較大的差異，使得世界各國金融監管體制也存在明顯的差異，因而導致國際金融監管的形式也存在多樣化的局面。根據合作的不同目的和內容，國際金融監管合作主要有以下幾種形式：

（一）規則性合作與相機性合作

根據各國經濟金融發展中存在的共性與個性問題，一般性和特殊性問題，可以分別採取規則性合作和相機性合作形式。規則性合作就是國際性金融監管組織在考慮各國經濟、金融發展水準和金融監管現狀的基礎上，制定統一的監管規則，比如法律條款、協定及指導性條文等，以此來規範各個國家金融機構的行為和協調各國的金融監管政策。相機性合作形式則是根據國際金融監管中出現的一些新情況、新問題，由國際金融監管相關工作人員牽頭，組織協調各相關方共同協商解決方案。

（二）經常性合作和臨時性合作

在國際金融的發展過程中，由於金融的特殊性和高風險性，金融風險問題

隨時可能發生，具有突發性，但也有一些常規性的金融問題需要持續性地監管。因此，金融監管的國際合作有經常性的合作，也存在臨時性的合作。所謂經常性國際合作主要指的是在國際經濟、金融往來過程中，不可避免地會出現一些金融問題，需要相關國家共同協調來解決。比如說各國的匯率政策進行調整時，會產生不同程度的溢出效應，這就需要國際貨幣基金組織經常性地協調各國匯率之間的相對平衡。臨時性國際合作則是針對世界經濟、金融發展過程中突發的金融問題，由國際金融監管組織臨時協調各相關國家進行相應的政策性調整，並採取有效措施解決突發的金融問題。

（三）區域性合作與全球性合作

隨著金融全球化的發展，各國金融監管體制、金融監管標準等方面存在的差異容易滋生監管套利，加強金融監管的國際合作可以有效解決市場失靈和監管套利問題。因此，根據區域合作的層次性，建立相對應的監管合作機制，顯得尤為重要。從合作區域角度來看，國際金融監管合作可以在區域層面和全球性層面展開。區域性國際監管合作主要在某一區域範圍內，由區域性的金融監管組織協調本區域內不同金融監管主體之間進行多邊監管合作，比如說歐盟區域內的監管合作就屬於區域性國際金融監管合作。全球性國際金融監管合作主要是指在全球範圍內，由全球性的國際金融監管組織協調不同金融監管主體開展金融監管合作，例如世界貨幣基金組織及貿易組織所發起的多邊金融經濟合作。

第三節　金融監管國際合作機制

一、金融監管的國際合作機制存在的問題

現有的金融監管國際合作機制是在經濟全球化的發展初期建立起來的，且是在發達國家的主導下建立起來的。因而現有的金融監管國際合作機制存在一些弊端，降低了國際金融監管的效率。

（一）金融監管國際合作機制作用範圍有限

由於各個國家在會計、稅收、銀行結構和法律制度等方面存在比較大的差異，尤其是發達國家與發展中國家之間這種差異更明顯。由發達國家主導的金融監管國際合作，其制定的標準和規則只反應了發達國家的利益，適用性也僅在發達國家之間。因而從全球範圍來看，當前金融監管國際合作機制缺乏實質有效的合作。比如，巴塞爾委員會作為銀行業監管的國際組織，其制定的標準

和規則依據的是發達國家的銀行業結構，對於發展中國家來說就很難執行，導致在發展中國家的監管效率大打折扣。

(二) 金融監管國際合作機制缺乏預警性

現有的金融監管合作機制只是一種事後的危機應急處理機制，即比較注重事後危機的應急處理。每當危機發生後，為了防止危機的進一步蔓延，幾個國家在國際金融組織的協調下臨時組建危機處理機構，就出現的金融問題進行處置。但金融監管更應該注重事前監管，通過在危機預警方面加強國際合作，以便及時將危機扼殺在萌芽狀態。

(三) 金融監管國際合作機制缺乏信息共享溝通渠道

如前所述，金融監管國際合作主體較多，各主體之間只有建立信息共享、溝通與協調渠道，才能最大限度地發揮合作效應。而現有的金融監管合作機制中，各監管主體各自為政，彼此之間缺乏有效的溝通渠道，各自獲取的信息不能實現共享。這一方面提高了金融監管的成本，另一方面又降低了金融監管的效率。

(四) 金融監管國際合作缺乏統一的危機救助機制

隨著經濟金融全球化的發展，金融風險不斷加劇，金融危機發生的頻率日益增加。為了降低金融危機對世界經濟的衝擊力，建立全球性的金融危機救助機制尤為必要。眾所周知，金融危機具有極強的傳染性和破壞力，一旦處理不當，或者各個國家各自為政，金融危機在初期沒有得到有效制止，其對世界經濟的衝擊是非常大的。建立全球集中統一的危機救助機制，便於及時、快速、高效地對危機的發生做出回應，並採取有效的救助措施。

二、金融監管的國際合作機制構建

(一) 建立多層次的金融監管國際合作機制

在世界經濟的發展中，各個國家由於政治制度、經濟制度和文化等方面存在比較大的差異，各國的經濟、金融發展水準差異也很明顯，建立統一的金融監管的國際合作機制不太現實。在建立雙邊、多邊金融監管合作機制的基礎上，逐步建立區域性的金融監管合作機制是一種較為現實的選擇。

(二) 建立金融監管主體之間的溝通與協調機制

目前，金融監管主體呈現多樣化趨勢，不僅包括各國的金融監管當局，還包括許多國際性的金融監管組織，這些金融監管主體之間並沒有建立良好的溝通與協調機制。隨著經濟全球化的發展，世界各國已經成為聯繫緊密的一個整體，這就需要各國加強溝通與協調，來共同應對世界經濟發展中面臨的各種風

險。預防金融危機已然成為世界各國共同的課題。因此，在各國金融監管當局之間、金融監管當局與國際金融監管機構之間以及國際金融監管機構之間建立溝通與協調機制，有利於有效預防和化解金融危機。

（三）建立信息交流與共享機制

各金融監管主體在實施金融監管的過程中，一方面會掌握監管客體的相關信息，另一方面作為監管主體也會制定一些監管法律、法規。如果能將這些信息進行披露或通過一定的渠道進行共享，就會大大節約監管成本，提高監管效率。特別是發生重大金融風險時，信息的交流與共享有助於各監管機構及時掌握相關問題線索，充分發揮群體的智慧，有效化解金融風險。

（四）建立全球金融危機預警一體化機制

頻繁發生的金融危機表明，金融危機的發生並不是沒有一點先兆，並不是無法預防的，關鍵是在金融危機前需要建立好一套有效的預警機制，進行即時監控。目前，各個國家都不同程度地建立了適用於本國的金融危機預警機制，但就全球來說，還沒有建立一套完善的全球金融危機預警機制，這顯然不能適應經濟全球化發展的趨勢。

（五）建立全球性金融危機救助機制

金融危機的傳染性、破壞性極強，單靠一個國家的力量是很難抑制金融危機的擴散和蔓延的。這就需要借助全球的力量來共同應對金融危機，而迄今為止國際社會還沒有建立全球統一的金融危機救助機制，來發揮國際最後貸款人的角色作用。

三、中國參與金融監管國際合作

（一）積極推動中國金融監管的國際化

1. 金融監管法規、原則和標準與國際接軌

一是對現有的金融監管法律、法規參照國際慣例和國際規則，對明顯不符的部分進行修改和完善。隨著經濟的發展，國際金融監管組織都在對其制定的監管規則和標準進行不斷修訂，我們要密切關注國際金融監管規則的變化並做出及時的回應，確保金融監管法制建設與國際同步。

二是在制定金融監管的法律、法規時，要主動參考國際監管的規則和標準，並結合中國的實際情況進行。對於在執行國際金融監管規則和標準有困難的地方要明確一定的過渡期，確保平穩過渡。

2. 金融監管模式與國際接軌

隨著金融業混業經營趨勢的發展，中國金融業分業監管模式已經與全球金

融的發展趨勢背道而馳。應當順應全球金融發展趨勢，逐步將中國金融監管方式向集中化、綜合化的功能監管轉變。改革金融監管組織體系，形成相對集中、相互協調的金融監管組織體系。充分利用信息化技術降低監管成本，提高監管效率。

3. 擴大金融監管的範圍

隨著金融創新的不斷湧現，大量的新型金融業態、創新性金融產品不斷出現，使得一些新型金融業態或一些創新性的金融活動遊離於金融監管的範圍之外。因此，我們要重新界定「金融機構」和「金融活動」的內涵，將所有開展金融活動的金融機構和金融機構開展的所有金融活動都納入金融監管的範疇，防止監管真空的出現。

(二) 深度參與國際金融監管合作

1. 積極參與金融監管國際規則的制定，提升金融話語權

長期以來，國際金融監管規則和標準都是在發達國家的主導下制定的，大多反應了發達國家的利益訴求，而沒有反應包括中國在內的發展中國家的聲音。金融監管國際合作需要世界各國的共同參與，並要考慮不同國家所處的發展階段，照顧到不同國家的利益，才能實現監管效率的整體提高。對於中國來說，積極參與未來國際金融監管規則的制定，不斷提高金融監管的話語權是一個重要選擇。

2. 積極加強與各層次國際金融監管組織的合作

一方面，積極與國際金融監管組織開展雙邊和多邊合作，並不斷完善雙方或多方簽訂的諒解備忘錄，提高金融監管合作的可操作性，拓寬合作渠道和途徑；另一方面，積極參與全球性金融監管組織的有關活動和議題，提高在國際證監會組織、國際保險監督官協會、巴塞爾監管委員會等國際組織中的地位，推動中國金融監管的國際化發展。

3. 加強金融風險監管的國際協調與合作

隨著金融國際化的發展，各國面臨的國際金融風險集中體現為投機性國際資本流入和資本突然外逃而引發的金融風險。國際資本流動的主要原因是存在套利機會，所以，各國除了貨幣當局還要加強貨幣政策方面的協調外，監管部門要制定國際資本流動的適時監控措施，並與其他監管當局和國際性監管組織加強協調合作，共同來應對投機性國際資本頻繁流動帶來的風險。特別是母國和東道國監管機構要在分工的基礎上，設立定期交流協商機制，針對實際工作中產生的各種問題經常性交換意見，拿出解決方法。

第九章　結論與建議

縱觀世界各國尤其是西方發達國家金融監管體制的演變過程，都呈現出管制→創新→再管制→再創新不斷博弈的過程。金融監管體制的演變都和一國經濟體制、經濟發展水準、金融發達程度等方面的發展變化密切相關，都是在經濟、金融的發展過程中逐步得到完善的。但不同國家和地區金融監管體制也有自身的特點。

一、西方發達國家金融監管體制的比較

（一）金融監管模式各有不同

美國金融監管體制比較特殊，實行的是一種雙重多元化監管體制。美國監管體制中的雙重是指在聯邦一級和州政府一級各有一套金融監管機構，多元化是指同一類金融機構存在多個監管機構。美國的這種金融監管體制與美國的政治體制相適應，同時也適應了金融業分業經營的需要。隨著金融機構多元化的發展，特別是2008年金融危機暴露出來的金融監管體制的諸多弊端，美國也開始對金融監管體制進行改革，改革的核心內容是強化美聯儲的監管權力，擴大美聯儲監管範圍，注重宏觀審慎監管與微觀審慎監管的結合，重視消費者保護。

英國的金融監管體制是典型的集中監管體制。英格蘭銀行作為英國的中央銀行，承擔監管整個金融業的重任，同時由金融監管局負責的金融機構的監管，財政部主要負責金融法律法規的制定。2008年金融危機後，英國對金融監管體制進行了改革，在英格蘭銀行內部設立金融穩定委員會、貨幣政策委員會和審慎監管委員會，分別負責系統性風險防範、貨幣政策和宏觀審慎監管，同時單獨設立消費者保護局負責消費者保護。

2008年金融危機前，歐盟主要以萊姆法路西的研究報告為框架建立了包括四個層級的金融監管機構，其主要特點是金融監管權力分散在歐盟各個成員國，而歐盟層面的監管權力有限。這種金融監管制度顯然與歐盟的經濟一體化

進程不協調。為此，2008年金融危機之後，歐盟開始對原有的金融監管體制進行重大的改革，具體內容是建立了歐洲系統風險委員會負責宏觀金融監管；構建了歐洲監管系統負責微觀金融監管；增加歐洲中央銀行的監管權限和監管範圍。改革後的金融監管體制，適應了歐洲經濟一體化發展的需要，統一了歐盟各國的監管標準，有利於提高金融監管的效率。

（二）金融監管立法嚴格規範

西方發達國家對金融監管都是嚴格地依法進行的，且具有非常完善的立法程序。從監管的內容來看，從市場准入、業務範圍、日常經營和市場退出等方面都會制定嚴格的監管法律，以約束金融機構的經營行為。美國法治體系比較健全，金融法律體系也比較完備，金融監管法律法規的出抬都需要經過嚴格的立法程序。英國、歐盟的立法制度也比較完備，所有金融監管法律都需要經過相應的立法程序才能貫徹實施，以保證法律的嚴肅性。

（三）中央銀行的監管權力和範圍在增加

在美國、英國、歐盟通過的金融監管改革方案中，一個共同的特點就是中央銀行的監管權力有了很大提升，監管範圍有所擴大。美聯儲擁有對資產規模大於500億美元的銀行金融機構、所有系統重要性非銀行金融機構、小型銀行以及金融控股集團的監管權力。英格蘭銀行集宏觀審慎監管、微觀審慎監管和貨幣政策制定等職能於一身。歐盟的金融監管體制改革中極大地提升了歐盟層面的金融監管機構的地位，賦予其超國家權力，如有權對歐盟境內註冊的評級機構進行直接監管，在特定情況下可臨時禁止或限制某項金融交易活動等。

（四）重視消費者權益的保護

美聯儲體系中專門成立了消費者金融保護局，對開展信用卡、按揭貸款等金融業務的銀行或非銀行金融機構進行監管，負責接受消費者投訴、處理違法違規行為，以保護消費者的權益不受傷害。英國專門成立了單獨的金融行為局，負責對金融機構的市場行為進行監管，來維護消費者的權益。

綜上所述，英、美、歐盟的金融監管體制改革雖然具體的目標和模式有所不同，但存在諸多共同點。這些發達國家和地區金融監管的總體的趨勢是逐步走向集中化，並重視對系統性風險的監管和對消費者權益的保護，這些都預示了國際金融監管改革的動向，對中國金融監管體制改革有所啟示。

二、西方國家和地區金融監管體制改革對中國的啟示

（一）中國金融監管體制特點

中國金融監管模式經歷了從計劃經濟體制下的集中監管到市場經濟體制下

的分業監管的轉變。在計劃經濟體制下，與大一統的金融機構體系相適應，中國的金融監管主要由中國人民銀行來承擔。後來，隨著中國市場經濟體制的建立，中國金融業發展非常迅速，金融機構種類、業務規模、金融產品創新等方面都發生了深刻變化，金融監管體制也隨之轉變為分業監管體制，形成了以中國人民銀行為協調機構，銀監會、證監會、保監會為監管執行機構的監管體系。黨的十八大以後，隨著金融體制改革的深入和中國金融開放程度的提高，特別是受到 2008 年金融危機的衝擊，中國對金融監管體制進行了改革，專門建立了金融穩定委員會，負責金融監管的協調。同時將銀監會和保監會合併，以適應金融業多元化經營對金融監管提出的新要求。由此，形成了由金融穩定委員會為監管協調機構，中國人民銀行、銀保監會、證監會共同監管的監管體系。

（二）中國金融監管體制改革的趨勢

為了適應金融改革發展的需要，順應金融監管的國際發展趨勢，未來中國的金融監管體制需要在以下幾個方面進一步完善：

1. 明確金融穩定委員會的職責及定位

金融穩定委員會正式成立於 2017 年 11 月，其主要職責是就金融業改革發展重大規劃、重大事項進行審議；對金融監管部門進行業務監督，並對金融管理部門和地方政府履職問責。從這一職能定位來看，金融穩定委員會著重把握金融監管政策的方向以及對監管職能部門的監督。但是，對金融穩定委員會的協調作用並沒有明晰，金融穩定委員會與中國人民銀行之間關係有待進一步理順。

2. 金融消費者保護機制建設

近年來，隨著互聯網的發展，金融消費模式發生了很大變化，但隨之金融消費者權益保護問題也愈加突出。中國雖然出抬了很多與消費者權益保護相關的法律法規，但由於相應的執法、處置機制不健全，金融消費者權益並沒有得到有效保護。因此，為了加強金融消費者保護，一是完善金融消費者保護的立法，建立金融消費者投訴、處置機制；二是借鑑國外做法，建立專門的金融消費者保護局，加強對金融機構市場行為的監管；三是加強金融消費者保護的國際合作。

3. 提升中國人民銀行的監管權力和地位

監管權力逐步向中央銀行集中，尤其是系統重要性金融機構的監管權力集中到中央銀行，這成為國際金融監管改革的趨勢。在國務院公布的機構改革方案中，中國人民銀行統籌金融發展規劃、金融業立法，解決了監管標準不統一

問題，有利於提高監管效率。未來還應該進一步強化中國人民銀行在系統性金融機構監管、宏觀審慎監管等方面的職能。

4. 厘清中央與地方政府的監管職責與權限

近年來，地方金融組織發展迅速，為地方經濟發展做出了巨大貢獻。但是由於中央和地方監管權責不明，一些地方金融組織由於缺乏有效監管，風險問題比較突出。對地方金融組織的監管，中央監管部門負責法律法規的統一制定，而地方主要負責審批、監管執行和擔責。因此，一方面，中央級監管部門要加強對於地方金融監管的督導，明確地方金融監管者的職能；另一方面，地方政府要分離地方政府監管的發展職能和監管職能，依據權責一致原則，強化地方監管責任。

5. 搭建監管信息共享平臺，強化監管合作

監管機構之間的監管信息溝通與共享，能有效防止監管重疊和監管空白的發生，並在節約監管成本、提高監管效率方面發揮重要作用。網絡技術的發展為金融監管機構之間建立信息共享的網絡系統提供了便利。根據金融監管的需要，可以建立專門的金融監管信息網絡系統，也可以聯合工商、稅務、財政等部門建立綜合的信息網絡系統，以加強金融監管協調的有效性。

參考文獻

【1】白宏宇，張荔.百年來的金融監管：理論演化、實踐變遷及前景展望（續）［J］.國際金融研究，2000（2）：77-79.

【2】白欽先.20世紀金融監管理論與實踐的回顧和展望［J］.城市金融論壇，2000（5）：12.

【3】韓守富.後金融危機背景下的金融監管［M］.北京：社會科學文獻出版社，2012：34.

【4】巴曙松.金融監管：尋求平衡的藝術［N］.21世紀經濟報導，2011-06-06（19）.

【5】謝平，鄒傳偉.金融危機後有關金融監管改革的理論綜述［J］.金融研究，2010（2）：15-16.

【6】劉宏偉.關於國際金融監管合作的文獻綜述［J］.財經政法資訊，2013（2）.

【7】巴曙松，等.巴塞爾協議Ⅲ流動性監管新規及其影響［J］.南方金融，2013（5）：35-39.

【8】林立國.20世紀30年代美國經濟危機的歷史原因剖析［J］.遼寧大學學報（哲學社會科學版），2002（7）：52-54.

【9】張承惠，張麗平.美國銀行監管模式、特點及其啟示［J］.經濟要參，2001（73）：15-21.

【10】祁斌.美國金融監管改革法案：歷程、內容、影響和借鑑［J］.金融發展評論，2010（9）：30-42.

【11】涂永前.美國金融監管的制度變遷及新改革法案的影響［J］.社會科學家，2012（2）：106-110.

【12】羅玉冰.美國金融監管改革的最新進展及啟示［J］.甘肅社會科學，2013（3）：214-217.

【13】張偉.對本輪危機前後美國金融監管體系變化的比較分析［J］.國

際金融，2014（10）：64-68.

【14】劉燕. 美國銀行戰略管理體系初探［J］. 銀行家，2013（6）：82-83.

【15】張鵬. 美國金融監管與貨幣市場金融創新［J］. 現代商業，2013（5）：35-36.

【16】孫祁祥，鄭偉. 金融危機與保險監管［J］. 中國金融，2014（1）：38-40.

【17】李文茂. 美國金融監管體制改革對中國的啟示［J］. 華北金融，2011（6）：15-19.

【18】高宇. 後危機時代主要國家金融監管改革分析與述評［J］. 國際經濟合作，2012（7）：86-93.

【19】湯凌霄. 英國金融監管制度的變遷及其對中國的啟示［J］. 湖南社會科學，2003（2）：100-102.

【20】史煒，瞿亢，侯振博. 英國金融統一監管的經驗以及對中國金融監管體制改革的建議［J］. 國際金融，2016（7）：3-9.

【21】高田甜，陳晨. 英國金融監管改革研究［J］. 證券市場導報，2013（9）：62-66.

【22】黃志強. 英國金融監管改革新架構及其啟示［J］. 國際金融研究，2012（5），19-25.

【23】安德魯·貝利. 危機後的英國金融監管改革［J］. 中國金融，2010，(18).

【24】廖凡，張怡. 英國金融監管體制改革的最新發展及其啟示［J］. 金融監管研究，2012，(2).

【25】李沛. 金融危機後英國金融消費者保護機制的演變及對中國的啟示［J］. 清華大學學報（哲學社會科學版），2011，(3).

【26】高田甜，陳晨. 基於金融消費者保護視角的英國金融監管改革研究［J］. 經濟社會體制比較，2013（3）：47-56.

【27】尹繼志. 英國金融監管改革與新的金融監管框架［J］. 金融發展研究，2013（9）：26-31.

【28】陶玲，胡平. 英國金融監管體制改革的啟示［J］. 中國金融，2013（22）：58-59.

【29】戴紅霞. 英國金融監管改革的歷史演變及啟示［J］. 金融與經濟，2016（7）：49-51.

【30】藍虹，穆爭社. 英國金融監管改革：新理念、新方法、新趨勢［J］.

南方金融, 2016 (9): 69-76.

【31】程煉. 歐盟金融監管: 現狀、問題與趨勢 [J]. 中國金融, 2008 (3): 58-60.

【32】周泉恭, 王志軍. 歐盟國家金融監管結構發展分析 [J]. 當代財經, 2006 (4): 56-60.

【33】王志軍. 歐盟金融監管的新發展 [J]. 國際金融研究, 2004 (2): 25-30.

【34】齊萌. 歐盟金融監管改革對中國的啟示 [J]. 經濟縱橫, 2012 (2): 121-124.

【35】湯柳. 歐盟金融監管一體化的演變與發展——兼評危機後歐盟監管改革 [J]. 上海金融, 2010 (3). 56-59.

【36】楊琳. 歐盟保險監管新規 Solvency Ⅱ 理論框架及其影響 [J]. 新金融, 2012 (9): 40-45.

【37】尹繼志. 後危機時代歐盟金融監管改革動向與評析 [J]. 南方金融. 2013 (5): 40-46.

【38】焦莉莉, 等. 歐盟金融監管合作與金融穩定: 一個文獻綜述 [J]. 上海金融, 2013 (7): 59-64.

【39】謝瑋. 歐洲銀行業聯盟: 歐洲全改的希望與隱憂 [J]. 中國經濟周刊, 2014 (15): 72-74.

【40】王穎, 葉安琪. 歐盟保險償付能力改革理論前沿 [J]. 經濟問題, 2014 (12): 39-43.

【41】王綿綿. 淺談中國債券市場創新發展——基於銀行間債券市場的分析 [J]. 港澳經濟, 2013 (29): 17-18.

【42】丁一凡. 中國金融體系的改革與發展 [J]. 馬克思主義與現實, 2013 (2): 15-21.

【43】白冰. 《商業銀行資本管理辦法》對商業銀行資本充足率的影響 [J]. 河北金融, 2013 (10).

【44】梁平, 等. 中國保險監管制度的現狀 [J]. 經濟論壇, 2004 (2): 92-93.

【45】貢奔, 馬兵. 提高保險企業股權和資本管理有效性分析 [J]. 保險研究, 2013 (10).

【46】劉靜. 中國金融監管體系面臨的挑戰及建議 [J]. 科技創新與應用, 2012 (34): 252-252.

【47】楊靜，等.中國現行金融監管體制及其改革［J］.企業導報，2014（10）：35-35.

【48】王志成，徐權，趙文發.對中國金融監管體制改革的幾點思考［J］.國際金融研究，2016（7）：33-40.

【49】何誠穎，赫鳳杰，陳薇.後金融危機時代中國金融監管的演變和發展［J］.經濟學動態，2010（7）：71-77.

【50】張曉樸，盧釗.金融監管體制選擇：國際比較、良好原則與借鑑［J］.國際金融研究，2012（9）：79-87.

【51】張敬之.中國金融監管改革研究及國際比較［J］.江西社會科學，2015（1）：68-72.

【52】蔣海，李贄宏.中國金融監管體制的變遷及改革路徑選擇［J］.廣東金融學院學報，2009（5）：38-46.

【53】李豔紅，尹繼志.中國銀行業監管新規及相關問題思考［J］.金融理論與實踐，2013（12）：61-65.

【54】劉明康.中國特色銀行業監管的理論與實踐［J］.中國金融，2011（13）：14-18.

【55】劉明康.中國銀行業監管的制度創新［J］.中國金融，2010（19-20）：18-21.

【56】張軍，龍少波.中國資本市場監管制度演變與展望［J］.經濟研究參考，2014（41）：80-84.

【57】王偉.對中國多層次資本市場監管體系建設的思考［J］.財會研究，2008（7）：62-74.

【58】陽東輝.論中國金融監管制度的改革與完善——兼評巴塞爾協議Ⅲ之不足［J］.湖南師範大學社會科學學報，2016（1）55-62.

【59】黃昊明，張玉英.中國金融監管體制的國際借鑑及改革研究［J］.改革與戰略，2015（12）：197-200.

【60】楊婷.中國金融市場發展與金融監管體制改革［J］.南方金融，2015（12）：4-8.

【61】巴曙松.巴塞爾資本協議Ⅲ的新進展［J］.中國金融，2010（20）.

【62】尹繼志.巴塞爾協議Ⅲ：銀行業監管重點的變化與影響［J］.金融發展研究，2011（1）：68-71.

【63】巴曙松，朱元倩.巴塞爾資本協議Ⅲ研究［M］.中國金融出版社，2011：5.

【64】範小雲，王道平.巴塞爾Ⅲ在監管理論與框架上的改進：微觀與宏觀審慎有機結合［J］.國際金融研究，2012（1）：63-71.

【65】王達.美國主導下的現行國際金融監管框架：演進、缺陷與重構［J］.國際金融研究，2013（10）：33-35.

【66】黃蕙，喻一帆.《巴塞爾協議Ⅲ》的成本分析［J］.經濟問題，2011（12）：91-95.

【67】周小川.金融政策對金融危機的回應——宏觀審慎政策框架的形成背景、內在邏輯和主要內容［J］.金融研究，2011（1）：1-14.

【68】李文泓.關於宏觀審慎監管框架下逆週期政策的探討［J］.金融研究，2009（7）：7-24.

【69】梅良勇，劉勇.巴塞爾協議Ⅲ的資本監管改革及其影響分析［J］.金融理論與實踐，2010（12）：8-10.

【70】劉暢.銀行業宏觀審慎監管規則的國際演變和中國應用——以巴塞爾協議為例［J］.湖北經濟學院學報（人文社會科學版），2012（10）：26-27.

【71】許青.中國商業銀行流動性監管現狀研究——基於巴塞爾協議Ⅲ［J］.經濟研究導刊，2014（9）：110-208.

【72】馬宇.美國主權債務風險研究［M］.中國金融出版社，2017.

【73】李建偉.普惠金融發展與城鄉收入分配調整——基於空間計量模擬的實證研究［J］.國際金融研究，2017（10）.

【74】吳超.金融監管國際合作機制構建研究［D］.天津：天津財經大學，2012.

【75】王忠生.綜合經營趨勢下中國金融監管制度非均衡與創新［J］.求索，2011（9）：35-37.

【76】李泱.對於金融監管國際合作機制構建問題研究［J］.經營管理者，2015（2Z）.

【77】萬泰雷，等.國際金融監管合作及中國參與路徑［J］.國際經濟評論，2014（3）：121-131.

【78】ABRAMS, R. K., MICHAEL TAYLOR. Issues in the Unification of Financial Sector Supervision, Washington, DC, IMF Working Paper No. 00/123, 2000.

【79】COURTIS, N.. How Countries Supervise their Banks, Insurers and Securities Markets, Central Banking Publications, Freshfields, 1999.

【80】GOODHART, C.. The Organizational Structure of Banking Supervision, Basel, Switzerland, FSI Occasional Papers, No. 1, Financial Stability Institute, 2001.

【81】TAYLOR, M., ALEXANDER F.. Integrated Financial Supervision: Lessons from Northern European Experience, World Bank, Working Paper No. 2223, 1999.

【82】JOSé DE LUNA M., THOMAS A. ROSE.「International Survey of Integrated Financial Sector Supervision, Washington, DC, World Bank Policy Research Working Paper 3096, 2003.

【83】SPEYER, B.. Internationalisation of Banking and Banking Supervision, Deutsche Bank Research Notes in Economis and Statistics No. 01 - 7, Frankfurt, 2001.

【84】CENTRE FOR EUROPEAN POLICY STUDIES. EU Securities Market Regulation: Adapting to the Needs of a Single Capital Market, Report of a CEPS Task Force. Brussels, CEPS, 2001.

【85】ABRAMS, R. K., TAYLOR, M. Issues in the Unifi-cation of Financial Sector Supervision [M]. International Monetary Fund, 2000.

【86】DALE, R., WOLFE, S. The Structure of Financial Regulation [J]. Journal of Financial Regulation and Com-pliance, 1998, 6 (4): 326-350.

【87】GROUP OF THIRTY. The Structure of Financial Su-pervision: Approaches and Challenges in a Global Mar-ketplace [R]. Washington, DC, 2008: 23-38.

【88】LLEWELLYN, D. T. Institutional Structure of Finan-cial Regulation and Supervision: The Basic Issues [C], aWorld Bank seminar「Aligning Supervisory Structures with Country Needs,」Washington DC. 2006: 6-7.

【89】MASCIANDARO, D., QUINTYN, M. Regulating the Regulators: the Changing Face of Financial Supervi - sion Architectures before and after the Crisis [J]. Euro-pean Company Law, 2009.

【90】BAFIN (2009).「Bafin Annual Report 2008」[R], November. 67-68.

【91】COUNCIL OF EUROPEAN UNION (2009), 2948th Coun-cil meeting Economic and Financial Affairs Press Re-lease [P], June. 8-17.

【92】EUROPEAN CENTRAL BANK (ECB) (2004). Devel-opments in the EU framework for Financial Regulation, Supervision on and Stability [R]. Monthly

Bulletin, November. 81-89.

【93】BASEL COMMITTEE ON BANKING SUPERVISION. International Convergence of Capital Measurement and Capital Standards ——A Revised Framework Comprehensive Version. June 2006.

【94】LAROSIèRE, JACQUES DE.「High-level Groupof Financial Supervision in the EU」, European Commis-sion Report [R]. 2009, February. 38-58.

【95】ACHARYA, VIRAL V. A Theory of Systemic Risk and Design of Prudential Bank Regulation [J]. Journal of Financial Stability, 2009 (5): 224-255.

【96】ACHARYA, VIRAL V. Douglas Gale and Tanju Yorulmazer. Rollover Risk and Market Freezes [R]. NBER Working Paper No. 15674, 2010a.

【97】ADRIAN, TOBIAS, MARKUS K. BRUNNERMEIER. CoVaR [R]. Federal Reserve Bank of New York Working Paper, 2009.

【98】ALLEN, FRANKLIN, ANA BABUS. Financial Connections and Systemic Risk [R]. NBER Working Paper No. 16177, 2010.

【99】ANDERSEN, HENRIK. Procyclical Implications of Basel II: Can the Cyclicality of Capital Requirements be Contained [J]. Journal of Financial Stability, 2011 (7): 138-154.

【100】BASEL COMMITTEE ON BANKING SUPERVISION. Basel II: International Convergence of Capital Measurement and Capital Standards: A Revised Framework [EB/OL]. http://www.bis.org/publ/bcbs107.pdf. 2004.

【101】BASEL COMMITTEE ON BANKING SUPERVISION. Basel II: International Convergence of Capital Measurement and Capital Standards: A Revised Framework Comprehensive Version [EB/OL]. http://www.bis.org/publ/bcbs128.pdf. 2006.

【102】BASEL COMMITTEE ON BANKING SUPERVISION. Basel III: A Global Regulatory Framework for More Resilient Banks and Banking Systems [EB/OL]. http://www.bis.org/publ/bcbs189.pdf. 2010a.

【103】BASEL COMMITTEE ON BANKING SUPERVISION. Basel III: International Framework for Liquidity Risk Measurement, Standards and Monitoring [EB/OL]. http://www.bis.org/publ/bcbs188.pdf. 2010b.

【104】BASEL COMMITTEE ON BANKING SUPERVISION. Guidance for National Authorities Operating the Countercyclical Capital Buffer [EB/OL]. http://www.bis.org/publ/bcbs187.pdf. 2010c.

【105】BASEL COMMITTEE ON BANKING SUPERVISION. Strengthening the Resilience of the Banking Sector: Consultative Document [EB/OL]. http://www.bis.org/publ/bcbs164.pdf. 2009.

【106】BORIO, CLAUDIO, MATHIAS DREHMANN. Towards an Operational Framework for Financial Stability [R]. Central Bank of Chile Working Papers, No. 544, 2009.

【107】BORIO, CLAUDIO, CRAIG FURFINE AND PHILIP LOWE. Procyclicality of the Financial System and Financial Stability: Issues and Policy Options [R]. BIS Papers No 1. 2001.

【108】BORIO, CLAUDIO. Implementing a Macroprudential Framework: Blending Boldness and Realism [EB/OL]. http://www.bis.org/repofficepubl/hkimr201007.12c.pdf. BIS Working Paper, 2010 [17] Borio, Claudio. Towards a Macroprudential Framework for Financial Supervision and Regulation [J]. BIS Working Papers, No 128, 2003.

【109】BRUNNERMEIER, MARKUS K. Deciphering the 2007–2008 Liquidity and Credit Crunch [J]. Journal of EconomicPerspectives. 2009 (1): 77–100.

【110】CROCKETT, ANDREW. Marrying the Micro- and Macro-prudential Dimensions of Financial Stability [R]. BIS Review No 76. 2000.

【111】DIAMOND, DOUGLAS, PHILIP H. DYBVIG. Bank Runs, Deposit Insurance and Liquidity [J]. Journal of Political Economy, 1983 (3): 401–419

【112】HANNOUN, HERVé. The Basel Ⅲ Capital Framework a Decisive Breakthrough [R]. Bank for International Settlements, Management Speeches, sp101125a. 2010.

【113】HUANG, XIN, HAO ZHOU B, HAIBIN ZHU. A Framework for Assessing the Systemic Risk of Major Financial Institutions [J]. Journal of Banking & Finance 2009 (33): 2036–2049.

【114】JONES, DAVID. Emerging Problems with the Basel Capital Accord Regulatory Capital Arbitrage and Related Issues [J]. Journal of Banking & Finance 2000 (24): 35–58.

【115】LEHAR, ALFRED. Measuring Systemic Risk: A Risk Management Approach [J]. Journal of Banking & Finance. 2005 (29): 2577–2603.

國家圖書館出版品預行編目（CIP）資料

金融監管體制的國際比較研究 / 喻曉平 著. -- 第一版.
-- 臺北市：崧博出版：財經錢線文化發行, 2019.05
　　面；　公分
POD版

ISBN 978-957-735-848-6(平裝)

1.金融監理 2.國際金融

561.9　　　　　　　　　　　　　　　108006477

書　　名：金融監管體制的國際比較研究
作　　者：喻曉平 著
發 行 人：黃振庭
出 版 者：崧博出版事業有限公司
發 行 者：財經錢線文化事業有限公司
E - m a i l：sonbookservice@gmail.com
粉 絲 頁：　　　　　網　址：
地　　址：台北市中正區重慶南路一段六十一號八樓 815 室
8F.-815, No.61, Sec. 1, Chongqing S. Rd., Zhongzheng
Dist., Taipei City 100, Taiwan (R.O.C.)
電　　話：(02)2370-3310　傳　真：(02) 2370-3210
總 經 銷：紅螞蟻圖書有限公司
地　　址:台北市內湖區舊宗路二段 121 巷 19 號
電　　話:02-2795-3656 傳真:02-2795-4100　　網址：
印　　刷：京峯彩色印刷有限公司（京峰數位）

本書版權為西南財經大學出版社所有授權崧博出版事業股份有限公司獨家發行電子書及繁體書繁體字版。若有其他相關權利及授權需求請與本公司聯繫。

定　　價：320元
發行日期：2019 年 05 月第一版
◎ 本書以 POD 印製發行